지금, 모빌리티에
투자하라

지금, 모빌리티에 투자하라

미래차 혁신이 불러온
새로운 세상의 부와 기회

유지웅 지음

베가북스
VegaBooks

윤지호 이베스트투자증권 리서치센터장

테크놀로지의 진화는 도약이다. 이론은 변화를 뒤쫓아갈 뿐이고, 꿈은 변화에 앞서간다. 마차에서 차로, 이제 차는 플랫폼으로 진화하고 있다. 유지웅 연구원이 꽤 오래 추적해온 수수께끼를 풀어 글로 세상에 내놓았다. 기존 영역은 한 번에 붕괴되는 것이 아니라 서서히 자기 자리를 내줄 뿐이다라는 그의 결론에 공감한다. 포드와 테일러의 세계에 머물렀던 제조업 기반의 자동차 산업은 이제 미지의 세계로 한 걸음 나아갔다.

테슬라가 시작한 영토 확장은 모빌리티 산업의 주도권 전쟁으로 진화하고 있다. 한국의 자동차 기업이 이를 감당할 수 있을까? 관련된 모든 연결고리가 파괴되고, 재창조되고 있다. 슘페터가 말한 '창조적 파괴'의 현장이다. 당연히 돈이 되는 곳에 돈이 몰린다. '닷컴버블' 시기보다 더 큰 자금이 모빌리티 혁신 기업으로 몰려들고 있다.

혁신 기업 투자는 종착지가 보여야만 완주할 수 있는 마라톤이다. 이 책을 통해 마라톤 풀 코스의 종착점을 희미하게라도 바라볼 수 있을 것이다. 아니 분명 바라볼 수 있다. 영화 <주유소 습격 사건>은 멋진 대사를 남겼다. "나는 한 놈만 패!" 유지웅 연구원의 '자동차와 모빌리티' 분석도 다르지 않다. 그의 고민과 경험을 녹여낸 문장 하나하나에서 앞으로의 세상을 그려보자. 바로 거기에 투자의 기회가 있다.

김필수 대림대학교 미래자동차학부 교수

앞으로 '자동차'는 존재하지 않습니다. 미래는 모두 '모빌리티'로 총칭할 것입니다. 모든 미래의 먹거리가 모빌리티를 중심으로 펼쳐질 것이라는 의견이 힘을 받는 현실입니다. 전기차나 수소 전기차 같은 무공해차를 중심으로 자율주행 기능이 포함되고 이를 활용한 공유모델이 미래 비즈니스 모델로 크게 성장하고 있습니다. 여기에 도심형 항공 모빌리티(UAM)도 앞으로 핵심적인 이동수단이 될 것으로 예상합니다. 전동킥보드 같은 퍼스널 모빌리티(PM)는 물론이고 소형 전기차인 마이크로 모빌리티에 이르기까지 다양한 미래 모빌리티가 세상을 지배한다고 할 수 있습니다.

모든 고부가 가치가 미래 모빌리티로 몰리고 있는 현실에서 최근에는 미래 투자처로도 각광받고 있습니다. 미래 모빌리티가 '움직이는 가전제품', '움직이는 실내 공간'으로의 의미가 부각되면서 그 중요성이 더욱 커지고 있는 현실입니다.

이러한 급변하는 미래 모빌리티 시장에 대하여 이에 최적화된 참고서가 매우 부족한 현실입니다. 주식 투자자의 입장에서 각종 데이터를 기반으로 큰 시야로 볼 수 있는 자료가 부족한 지금, 이 책은 중요한 시사점을 제공한다고 생각합니다. 현재의 자동차를 시작으로 미래의 각종 이동 수단에 대한 냉철한 시각과 가능성을 인지하고 있으며, 미래에 대한 불확실성을 해소하는 데 크게 기여하는 책입니다.

투자자에게 미래 모빌리티의 내일을 가늠하고 신뢰성을 높이는 중요한 계기가 될 것입니다.

염승환 염블리, 이베스트투자증권 부장

모빌리티는 이동성, 기동성을 뜻하는 말로 사람들의 이동을 편리하게 하는 데 기여하는 각종 서비스나 이동 수단을 의미한다. 역사적으로 이동 수단은 다양하게 변화해왔다. 수백 년간 사람들은 말을 타고 이동했고 그 후 100년간 내연 기관 자동차, 선박, 항공기 등으로 진화해왔다. 100년 만에 모빌리티는 다시 새로운 진화를 시작하고 있다. 동력은 화석연료에서 전기, 수소로 변화하기 시작했고 엔진은 사라졌다. 운전은 여전히 사람이 하지만 첨단기기와 소프트웨어의 도움으로 운전의 영역 역시 점점 사라지고 있다.

우리는 새로운 모빌리티 시대의 출발점에 서 있다. 어떤 스토리가 그려질지 어떤 기업이 승자가 될지 투자자들은 궁금하다. 그런 궁금증을 해결할 책이 나왔다. 자동차 애널리스트 유지웅 연구원의 첫 책이다. 그는 자동차를 분석함에 있어 정수를 보여준다. 지름길도 모른다. 자동차와 자동차 산업의 미래, 그리고 모빌리티로의 진화를 분석함에 있어 정확하고 치밀한 언어로 방대한 양의 보고서를 쓰는 것으로 정평이 난 사람이다. 이제 그의 자료를 책으로 볼 수 있어 반갑다. 이 책은 내용도 좋지만 친절하다. 모빌리티 투자 교과서로 손색이 없다. 더욱 진화될 모빌리티의 변화가 궁금한 투자자라면 주저 없이 이 책을 선택하기 바란다. 첫 장을 펼치자마자 모빌리티와 그의 매력에 빠져들 것이다.

미래로 가는 길

연간 9,000만 대, 연간 3,000조 원에 달하는 시장 규모, 4,000만 명 이상의 사람들이 종사하는 시장. 자동차 산업의 이야기다. 지난 100년간 석유를 주 연료로 사용해왔던 자동차 산업은 대격변을 맞이하고 있다. 우리는 앞으로 10년간, 제2차 세계대전 이후 약 70년간 자동차 산업에서 일어났던 변화보다 더 큰 변화를 겪게 될 것이다. 이러한 대변화는 크게 네 가지 분야에서 나타날 예정이며 네 가지 분야는 다음과 같다. 첫째, 에너지 산업의 패러다임 시프트를 통한 전기차 산업의 확산, 둘째, 디지털화로 인한 자율주행의 보편화, 셋째, 플랫폼 업체들의 모빌리티 산업을 기반으로 한 무한한 비즈니스 확장, 마지막으로 UAM(Urban Air Mobility)의 출현이다.

오늘날 자동차 회사들은 2024년 이후부터는 보조금이 없이 전기차 판매를 해야 하는 환경에 직면해 있다. 이미 가장 보수적인 일본 자동차 업체들마저 전기차로의 대전환을 선언했기 때문에 기존의 석유산업을 지탱하던 한 축이었던 자동차 산업은 사실상 탈석유시대로 넘어왔다. 한편 디지털 트랜스포메이션이 가속화되면서 자동차 업체들은 자율주행의 핵심 프로세스인 '인지-판단-제어' 중 판단의 영역, 즉 자체 의사결정을 하는 단계에 이르렀다.

테슬라의 경우 이미 '오토파일럿(Autopilot)'을 통해 13억 마일에 달하는 방대한 자율주행 데이터를 확보했고, 이를 기반으로 한 머신러닝을 통해 완전자율주행 서비스를 선보일 예정이다. 우버로 대두되는 플랫폼 업체들의 경우, 예상을 뛰어넘는 영역까지 사업을 늘려나가고 있다. 기존 자동차의 수요를 가져가는 동시에 유관산업으로 진출이 그 어느 때보다도 빠르다. 더 이상 새롭지 않은 우버이츠가 대표적인 경우다. 기존 호출앱 플랫폼을 이용하는 우버이츠는 음식 딜리버리 시장에서는 코로나19의 영향으로 인해 이미 최대 규모의 회사로 성장해 버렸다. 마지막으로 UAM은 2024년 이후부터는 미국 연방항공청(FAA)과 유럽항공안정청(EASA)의 비행 승인이 되면서부터 모빌리티 시장을 크게 바꿀 수 있는 새로운 개념이다. 팬데믹이 완전히 종식되었을 때, 이동에 대한 수요는 더욱 강해질 것이고, 세상은 막히는 도심지의 해결책을 요구할 수밖에 없을 것이다. 자동차 회사들은 이러한 수요를 기회로 UAM 사업에 뛰어들고 있으며, 이보다 빠르고 가볍게 의사 결정을 내릴 수 있는 수많은 스타트업 업체들이 향후 2~3년 이내에 상업화를 기대하며 UAM 시장의 문을 두드리고 있다.

이 책은 크게 세 가지 파트로 나뉘어 있다. 먼저 최근까지 발생한 자동차 산업의 구조적 변화와 그 배경, 이 책을 작성하고 있는 시점인 2021년과 그 이후 자율주행/플랫폼/UAM을 바탕으로 새로운 변화를 설명했고, 마지막 파트에서는 향후 모빌리티 분야에서 두드러진 역할을 할 것으로 예상 중인 7개 주요 업체들에 대해 심도 있게 다뤄보려고 노력했다. 또한, 본문에서 다룬 대부분의 업체들에 대해서는 부록으로 담아 최대한 기업에 대한 소개를 실었다. 저자는 그동안 자동차 애널리스트 활동하면서 얻게 된 지식을 조금이라도 보다 많은 사람들과 공유하기 위해 이 책을 작성했다. 최근의 자동차 산업이 맞이하고 있는 변화는 분명 기존의 자동차와 모빌리티 산업 종사자, 그리고 관련된 투자자들에게는 필수적으로 알려야 하는 내용이다. 2021년에 들어서며 과거 자동차를 축으로 한 모빌리티 산업을 지배하던 논리가 더 이상 작동하지 않는 시점이 이미 다가왔다. 기존의 모빌리티 산업에 대한 접근 방식뿐만 아니라 투자 방식도 패러다임의 변화가 요구되는 시점이 온 것이다. 이 책으로 하여금 독자들이 수십 년간 누적되어 온 거대한 산업의 급격한 패러다임 변화에 대응할 수 있는 하나의 자그마한 지침서 역할을 했으면 하는 바람이고, 나아가 적절한 투자의 나침반 역할로도 활용되기를 기원한다.

2021년 6월

애널리스트 유지웅

목차

1장 모빌리티 혁명: 익숙함과의 결별

신규 진입자들의 출현

전기차로 급변하는 자동차 시장

모빌리티 혁명 최후의 승자는

2장 자율주행으로 바뀌는 세상

근본부터 바뀌는 비즈니스 모델

자율주행 시스템은 누가 만들까?

3장 플랫폼: 모빌리티 혁명을 넘어

자동차 산업의 혁신적인 변신

모빌리티의 영역은 끝이 없다

모빌리티 시장에서 앞서 나간 기업들

시장의 선두주자들

MOBILITY

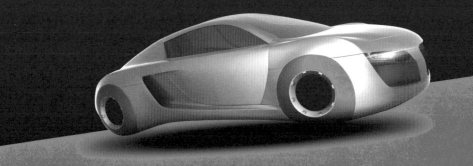

1장

모빌리티 혁명:
익숙함과의 결별

신규 진입자들의
출현

자동차 판매가 감소하기 시작했다

2017년, 뉴욕시에서 승차 공유(Ride-Sharing) 업체인 우버의 일일 탑승 건수가 뉴욕시에서 '옐로캡(Yellow cab)'이라 불리는 뉴욕 택시의 일일 탑승 건수를 넘어서는 사건이 발생했다. 우버의 서비스는 기존의 옐로 택시의 탑승 요금은 거의 동일하다. 뉴욕시에서 10분간 5마일 거리를 갈 때의 비용을 비교하면 팁이 적용된 기준으로 우버 X의 경우 약 16.8달러, 옐로캡의 경우 15달러 정도가 소요된다.

그렇다면 요금이 비슷한데 왜 기존 택시의 탑승 건수는 줄어들고, 우버의 탑승 건수는 늘어날까? 우버의 서비스는 기존 택시보다 훨씬 쾌적하고 친절한 서비스를 제공할 뿐만 아니라, '호출앱' 플랫폼을 통해 미리 운행 비용을 알 수 있는 등 이용의 편의성을 제공하고 있다. 이런 서비스의 편리함 그 자체가 향상되면서 트렌드가 바뀌기 시작한 것이다.

흥미로운 점은 우버의 일일 탑승 건수가 단순히 기존 택시 시장을 대체하는 수준이 아니라, 기존의 총 택시 탑승 건수를

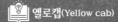

옐로캡(Yellow cab)

뉴욕의 택시를 지칭하는 말이다. 대부분 노란색으로 칠해진 옐로캡은 영화나 미국 드라마 등 영상 매체에서 주로 보이는 택시의 이미지다. 그렇다면 왜 노란색일까? 여기에는 과학적 근거가 있다. 1900년대 초 시카고 대학의 연구 결과에 따르면 노란색에 약간의 붉은 색이 가미된 색상이 먼 거리에서 눈에 띄는 색이라고 한다. 이 점을 보고 택시 회사가 노란색을 차용했고, 1960년대 뉴욕시가 이를 법으로 정하면서, 사람들이 흔히 생각하는 택시의 색이 정해진 것이다.

가볍게 넘어서기 시작했다는 점이다. 뉴욕에서는 2013년까지 하루 평균 50만 건 수준의 택시 탑승 건수가 발생했다. 이때만 하더라도 뉴욕에서 우버의 탑승 건수는 3만 건이 채 안 되는 수준이었기에 화젯거리 자체가 되지 않았다. 그러나 2019년 들어서 뉴욕 시내 택시와 차량 공유 호출 플랫폼 이용 건의 합산 이용수는 일일 100만 건을 넘기기 시작했다. 이 중 옐로캡의 일일 탑승 건수는 30만 건 미만

으로 추락한 상태였다. 기존의 시장이 가라앉고 새로운 시장이 열린 것이 입증된 순간이다.

하지만 그래도 의문은 생긴다. 우버를 비롯한 승차 공유 플랫폼을 통한 공유 호출 건수가 택시를 대체하긴 했지만, 왜 택시와 차량 공유 이용을 합친 건은 왜 이렇게 많은 수치가 늘어났을까? 참고로 뉴욕시의 인구는 2016년 847만 명을 기록한 후, 2019년에는 833만 명으로 감소한 상태다. 이에 대한 답은 하나밖에 없다. 자동차 호출 플랫폼 시장이 팽창하기 시작한 것이다. 도심지 내 이동의 수요는 스마트폰의 보급과 함께 팽창하기 시작했고 이를 보란 듯이 증명하는 수치가 앞서 우리가 알아본 합산 이용자의 숫자다.

게다가 이때쯤 신규 자본이 승차 공유 업체로 쏟아져 들어오기 시작했다. 승차 공유 스타트업 업체들은 그야말로 블랙홀처럼 신규 자본을 끌어들이기 시작했다. 벤처 캐피털 업체들은 승차 공유 업체들로부터 장밋빛 미래를 보았고, 실제로 뉴욕시의 경우처럼 매출액은 폭등하기 시작했다. 승차 공유 업체 중 대표주자 격인 우버의 드라이버 비용을 제외한 순매출액은 2016년 38억 달러에서 2019년 무려 142억 달러로 3년 만에 4배에 가까운 성장을 보였다.

이러한 활황의 이면에는 옐로 택시의 탑승 건수가 감소했다는 단순한 이슈 외에도, 자동차의 판매 감소라는 중대한 이슈가 있었다. 승차 공유 앱이 보편화되면서 차량을 소유하는 것에 대한 인식이 변하기 시작했다. 굳이 차량을 소유하지 않아도 문제가 없다는 인식이 서서히 사람들 사이에 퍼지기 시작했다. 그간 신차 구입은 밀레니얼 세대를 대표하는 소비행위로, 20~30대의 성인이 부동산 다음으로 소비하는 가장 큰 소비재였다. 하지만 이제는 굳이 차량을 소유하지 않아도 된다는 생각이 점점 퍼지고 있다.

이는 단순히 소비의 트렌드가 변하는 것으로 끝나지 않는다. 자동차 산업은 미국 고용 시장의 핵심을 이루는 제조업의 근간으로 경제 흐름과 매우 연관성이 깊다. 따라서 앞서 언급한 것과 같이 신차 판매의 감소는 경제 흐름에 큰 변화를 일으킬 수 있다. 미국의 연간 신차 판매량은 2019년 1,705만 대를 기록했다. 이후 2020년 상반기의 경우 코로나19 바이러스로 인해 산업이 무너지다시피 했으나, 다행히 하반기에는 오히려 많은 수요가 몰리며 그 해에 약 1,440만 대가 판매됐다. 매출 규모가 약 500조 원이 넘는 자동차 시장은 노동 집약적이며, 거대한 규모의 자본이 유입되는 거대 자본재 시장이다. 자동차 시장은 신차 판매뿐만 아니라 원자재, 자동차 부품, A/S부품, 중고차, 딜러십 시장이 연동되어 시장 규모보다 훨씬 더 거대한 부가 가치를 일으키는 구조로 이뤄져 있다.

전 세계적으로 약 9,000만 대의 신차 판매 시장이 형성되어 있는데, 판매를 기준으로 한 매출 규모만 보면 연간 약 3,000조 원에 이르는 시장 규모다. 이 중 미국의 자동차 시장은 매출 규모가 가장 큰 시장이다. 그런 탓에 대형 자동차 회사들의 기업가치는 대부분 미국 자동차 시장에서의 점유율과 큰 연관이 있다. 특히 현대기아차처럼 내수 시장이 작은 현대기아차의 경우 미국 시장에 대한 의존도가 더욱 높다.

미국 자동차 시장에서 GM, 포드(Ford), 피아트 크라이슬러(FCA) 등 미국의 전통적인 자동차 회사가 전체 시장의 약 50%를 점유하고 있고, 나머지는 일본 기업을 중심으로 한 글로벌 회사들이 차지하고 있다. 특히 토요타(Toyota), 혼다(Honda), 닛산(Nissan) 등의 일본 업체들은 일찌감치 적극적으로 미국 현지화를 시도해왔고, 실제로 1990년대와 2000년대 초반에는 선풍적인 인기를 끌기도 했다. 2006년부터는 현대차와 기아차도 각각 미국의 앨라배마주와 조지아주에 39만 대 규모의 생산 능력을 갖춘 현지 공장을 운영하고 있으며, 미국 판매량의 절반 이상을 해당 공장을 통해 조달한다. 이렇게 현지 업체와 해외 업체들이 조화를 이루며 미국에서는 연간 1,100만 대 정도의 자동차가 생산된다.

하지만 공교롭게도 미국의 신차 판매(SAAR, 계절조정 연환산판매대수*)는 2015년 1,800만 대를 고점으로 하락하기 시작했는데, 이 시점은 우버를 필두로 한 승차 공유, 즉 승차 공유 업체들이 본격적으로 활동하기 시작한 때이기도 하다. 이 무렵 신차 판매 시장의 특징은 세단의 판매가 감소하고 SUV의 판매가 뚜렷하게 증가한 시기라는 점이다. 2008년 금융위기 직후 첫 교체주기를 맞은 수요자, 생애 첫 구매자들 모두 SUV를 사기 시작한 것이다. 반면 승차 공유 업체들이 운영하는 차량은 대부분 세단으로 이러한 신차 사이클과 일치하지 않는 양상을 나타낸다. 2020년 말 기준으로 우버는 약 100만 대의 차량을 운영 중인 것으로 알려졌는데, 이 과정에서 세단 차량 시장 약 1,000만 대(2015~2020년 누적 세단 감소분)가 송두리째 사라졌다. 리프트 등 타 호출업체들과 합산하면 120~130만 대 수준으로, 몇 배에 해당하는 신차시장에 간접적으로 타격을 주기 시작한 것이다.

---

* 계절조정 연환산판매대수(Seasonally Adjusted Annual Rate): 데이터의 판매량, 고용 수치 등을 나타내는 지표로, 계절적 요인을 제거하고 순수한 데이터의 비교가 가능하다.

2015년 10월을 1,800만 대 규모의 고점을 기록 후 구조적 하락세

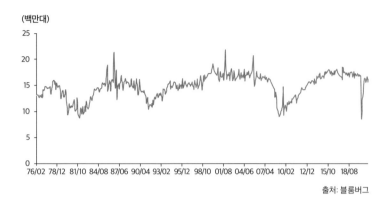

출처: 블룸버그

이에 2014년부터 자동차 회사들은 우버와 같은 차량 공유 업체들의 공격을 대비하기 위해 카 셰어링(Car Sharing) 사업에도 본격적으로 진출한다. 카 셰어링 서비스는 차량 공유 서비스의 하나로 업체가 제공하는 차량을 여러 사람이 공유하여 필요한 시간만큼 빌려 쓰는 비즈니스 모델을 말한다. GM의 경우 메이븐(Maven)이란 서비스를 론칭하고, BMW와 다임러(다임러)는 각각 '드라이브 나우(Drive Now)'와 '카투고(Car2go)'라는 카 셰어링 서비스를 출시했다. 그러나 이들의 승차 공유 서비스는 미국 최대 렌터카 회사 중 하나인 에이비스 버짓 그룹(Avis Budget Group)이 인수한 집카(Zipcar)와 유사한 형태로, 결국 운영업체가 재고 부담을 감수하고 가는 렌터카 비즈니스에서 벗어나지 못한 형태다.

특히 GM은 2016년 승차 공유 플랫폼 리프트(Lyft)의 지분의 9%를 5억 달러에 인수하며 진지하게 승차 공유 사업에 대해 고민하기도 했지만, 자체적으로도 야심차게 준비해 왔던 카 셰어링 사업인 메이븐이 결국 저조한 사업성과로 인해 2021년 운영을 중단하면서 새로운 고민에 빠졌다. 이유는 앞서 언급한 바와 비슷하다. 카 셰어링은 사업 자체가 재고 부담이라는 이슈로 인해 서비스 지역을 확장하는 것에 불리하다.

반면 차량 공유의 다른 형태인 승차 공유 서비스는 필요한 시점과 장소로 차량을 호출하는 방식이기 때문에 서비스 지역에 아무런 제약을 받지 않는다. 또한, 운영업체는 자산을 보유하지 않아도 되기 때문에 사업이 확장되는 속도 역시 매우 빠르다.

한편 유럽 시장에서는 2019년 BMW와 다임러가 각각 지분을 출자해 승차 공유 업체인 프리나우(Free Now)를 결성했다. 이미 신차 판매 시장에서 대형 SUV나 픽업트럭, 럭셔리 브랜드를 제외하고는 언제 판매량이 감소해도 이상하지 않은 상황에서 우버의 시장 진입을 언제까지 바라만 볼 수는 없다고 판단했기 때문에 전통 자동차 업체 두 곳이 결국 공동대응을 시작한 것이다. 프리나우는 현재 자동차 업체들이 직접 출자한 유일한 승차 공유 업체임과 동시에, 기존의 다임러와 BMW가 운영하던 충전(ChargeNow), 파킹(ParkNow), 대

중교통 예약(ReachNow), 카 셰어링(DriveNow와 Car2Go), 승차 공유(Free-Now) 등 총 5개의 차량 공유 사업들과 기타 사업들을 집대성한 플랫폼 회사이기도 하다.

이에 대응해 미국의 자동차 시장 다음으로 큰 시장인 유럽을 노리고 있던 우버는 프리나우를 10억 유로에 인수하고자 하는 움직임을 보이기도 했다. 현재로서는 인수작업이 중단된 상태기는 하지만 프리나우의 경쟁력을 다시 한번 알려주는 대목이기도 하다. 물론 아직 프리나우의 미래를 확정짓기는 어렵다. 두 개의 자동차 업체가 참여하고 있는 프리나우의 지분 구조 특성상, 이대로 사업이 지속될 수 있을지는 지켜봐야 할 것이다. 전통 자동차 회사 중에서 프리나우를 제외하고는 직접 승차 공유 서비스를 론칭해 어느 정도 궤도에 올린 업체가 전무한 상황이기 때문에 향후 프리나우의 행보는 시장에서 중요한 의미를 지녔다고 볼 수 있다.

2020년, 코로나19 바이러스로 인한 충격을 가장 먼저 겪은 중국은 경제를 부양시키기 위해 자동차의 전동화, 자율주행 등 모빌리티 산업 전반에 걸친 정책을 발표했다. 이 발표를 계기로 주식 시장에서는 전기차 업체 니오(Nio)가 한때 시가총액 1,000억 달러를 달성하면서 존재감을 드러내기도 했다.

니오의 이야기를 뒤로 미루고 다시 승차 공유 업체에 관한 이야기로 돌아가보면, 중국은 세계에서 가장 승차 공유 플랫폼이 활발하게 발전된 나라다. 중국에서 승차 공유 플랫폼이 인기를 끄는 이유는 정부의 차량 구매 규제가 큰 영향을 미쳤다. 내연 기관 차량의 경우 중국 정부에서 번호판 구매 자체를 규제해왔으며, 전기차는 구매에 별다른 제약이 없지만, 아직 대중들에게 보급되기에는 공급이 턱없이 부족했다. 이런 상황 때문에 승차 공유에 대한 수요가 미국보다 폭발적으로 성장한 것이다.

이 중 2021년 시장에서 주목할 만한 업체는 중국의 최대 승차 공유 업체인 디디추싱(Didi chuxing)이다. 중국에서 가장 큰 승차 공유 업체인 디디추싱은 코로나19에서 벗어난 2020년 하반기, '0188'이라 부르는 3개년 전략을 발표했다. 0188 중 가장 마지막 8이 의미하는 것은 8억 명의 월간 활성 사용자 수(MAU)를 달성하겠다는 내용이다. 이 수치는 아직 1억 명에 불과한 우버의 사용자수와 비교하면 약 8배에 달하는 수치로, 사실상 전 세계 인구의 1/8이 디디추싱 호출 서비스를 이용

 0188 프로젝트

디디추싱은 중국에서 가장 큰 승차 공유 기업이다. 차량 호출 서비스 외에도 보험, 배송 서비스 등 다양한 비즈니스 모델을 갖춘 기업으로, 현재 뉴욕 증시에 상장하겠다고 발표한 바 있다. 시가총액 목표액은 1,000억 달러.

'0188프로젝트'는 이런 디디추싱의 3개년 프로젝트로 '0'은 무사고, '1'은 하루 1억 건의 결제, 앞의 '8'은 중국 운송 시장의 점유율 8% 달성, 뒤의 '8'은 MAU 8억 명을 뜻한다. 디디추싱의 야심을 엿볼 수 있는 대목이다.

하게 만들겠다는 뜻이다. 디디추싱은 현재 6억 명가량의 MAU를 보유하고 있으며, 일일 호출 건수는 3천만 건에 달하는 중국 최대이자 글로벌 최대 승차 공유 업체다.

또한, 디디추싱은 자체 자동차를 보유하기 위한 전략을 세워왔다. 자체로 운영할 수 있는 성능 좋은 차량을 확보함으로써 기존 승차 공유 모델의 한계를 극복하고자 하는 것이다. 이런 전략의 일환으로 2018년에는 기아차를 포함한 12개의 자동차 제조사들과 자동차 공급을 위한 파트너십을 맺기도 했었다. 기존 자동차 회사들과의 파트너십을 모색하던 가운데, 결국 중국 최대 전기차 회사인 BYD와 승차 공유 전용 전기차인 'D1'을 공동 개발했다. BYD가 생산하는 D1은 연간 10만 대 생산을 목표로 2021년부터 양산에 들어간다고 한다. 그렇게 되면 디디추싱은 승차 공유 업체 중 최초로 자체 차량을 보유하게 될 전망이다.

이 일은 산업 구조상 대단히 충격적인 전환점으로 볼 수 있다. 소비재 시장의 최전선에서 산업을 꽉 잡고 있던 기존의 자동차 업체들 입장에서는 상당히 불편한 진실이 될 수 있기 때문이다. 승차 공유 업체들이 나오기 전 일반 택시의 형태는 자동차 사업에 있어서 그다지 위협적이지도 않았고 도리어 기존 자동차 업체가 성장할 수 있는 발판으로 작용해왔다. 중국에서는 폭스바겐과 GM이 상하이 자동차와 조인트 벤처 회사를 설립하고, 현대차가 베이징자동차그룹과 손잡고 각각 상하이와 북경시의 택시 시장을 독점했을 정도니 말다 한 셈이다. 이렇게 앞선 내연 기관 기술을 바탕으로 중국의 택시 시장을 선점할 만큼 2012년까지만 하더라도 중국 내에서 폭스바겐, GM, 현대차그룹의 위상은 대단했었다. 실제로 폭스바겐과 GM, 현대차는 1990~2000년대 택시 시장을 장악함으로써 중국 자동차 시장에서 큰 영향을 발휘해 왔고, 우리에게 친숙한 현대차그룹은 중국 자동차 시장에서 2012년 시장 점유율 3위를 기록하는 기염을 토하기도 했다.

그러나 그 자리를 스마트폰을 기반으로 성장한 승차 공유 업체가 대신하게 된 것이다. 이는 매우 큰 변화의 시작이다. 이제 자동차 시장의 큰 축은 더 이상 전통적인 자동차 제조사가 아니게 되었다. 새롭게 나타난 다른 참여자가 패권을 장악하려 나선 것이다. 그것도 아주 빠른 속도로 말이다.

자동차 시장의 미래를 움켜쥐기 위한 디디추싱의 움직임은 여기서 끝이 아니다. 디디추싱은 자신들이 가진 비즈니스 모델의 한계를 극복하기 위해 로보택시 개발을 위한 'DiDi Autonomous Driving'을 2016년에 출범했다. 2020년에만 총 1조 원에 달하는 펀딩을 완료했으며, 2030년 100만 대의 자율주행 택시 운행을 목표로 개발에 박차를 가하고 있다. 앞으로도 자동차를 계속해서 양산할 계획인 것이다.

디디추싱을 시작으로 중국의 로보택시 사업은 최근 들어 매우 빠르게 발전하는 중이다. 디디추싱뿐만 아니라 다양한 기업들이 진출하고 있다. 이 중에서는 인터넷 포털기업인 바이두 역시 로보택시 사업에 뛰어들었다. 실제로 바이두는 이미 지리자동차와의 차량 공급 계약을 체결하기도 했다. 이렇게 글로벌 시장에서 나타나고 있는 현상들을 종합해 보면 답은 사실상 정해진 것이나 다름없다. 우버, 리프트, 디디추싱, 바이두 같은 MaaS* 업체들은 미국 자동차공학 협회[Society of Automotive Engineers(이하 SAE)]에서 정의한 레벨 4의 완전자율주행 시장에 단번에 뛰어들려고

자율주행 레벨

자율주행 기술의 단계는 시스템이 운전에 얼마나 개입하는지에 따라 총 6단계로 나뉘어 있다. 국제자동차기술자협회에서 분류한 단계로 세계적으로 인정받는 기준이다. 첫 단계인 '레벨 0'은 자율주행 기능이 없는 일반 차량이다.

'레벨 1'은 운전자 보조 단계로 차선 이탈, 자동 브레이크 등의 운전자를 보조하는 기능이 추가된 단계다. '레벨 2'는 부분 자동화라 부르며 운전자의 개입 없이도 앞차와의 간격을 유지하는 단계다. '레벨 3'은 조건부 자동화로 스스로 장애물을 감지하고 피할 수 있는 단계다. 여기까지를 부분 자율주행이라 부른다.

'레벨 4'부터는 완전 자율주행이라 칭하며 운전자가 개입하지 않고도 운행이 가능한 수준의 자율주행 차량이 여기에 속한다.

---

*   MaaS (Mobility as a Service): 카 셰어링뿐 아니라 철도, 택시, 전동 스쿠터 등 다양한 이동 수단에 대한 정보를 통합해 사용자에게 제공하는 이동 서비스.

하는 것이다. 이미 시장에 자리 잡고 있던 자동차 회사들 대부분이 레벨 1~2수준의 부분자율주행에 치중하고 있는 상황인 만큼, 기존의 자동차 회사들에 너무나도 불리한 게임일 수밖에 없는 것이다.

◆ MaaS 업체들의 자율주행 진출 구도:
레벨 4 수준으로 단번에 진입!

출처: 이베스트증권 리서치센터

승차 공유 업체의 약진은 선진국뿐만 아니라 신흥국에서 더 거세게 발전했다. 세계 자동차 시장은 2016년 가장 큰 시장인 미국과 중국의 성장률이 감소하면서 전체 시장 성장률도 감소하기 시작했다. 사람들은 중국 경제의 개방과 함께 자동차 산업이 급성장하자, 인도, 브라질, 러시아 등 다른 신흥국 시장에서 모터리제이션 *(Motorization) 현상이 나타날 것으로 전망했으나, 2016년 이후로 이와

---

* 　모터리제이션(Motorization): 자동차가 사회 전반에 광범위하게 보급되어 판매가 급상승하는 현상

같은 예상은 완전히 틀린 것으로 판명이 났다. 세계자동차공업연합회(OICA)에서 자동차 보급율에 대해 조사한 마지막 해인 2015년을 기준으로 봤을 때, 미국의 경우 자동차 보급률이 1인당 0.8대에 달했으나, 중국은 여전히 1인당 0.1대, 인도는 1인당 0.02대에 불과했다. 보급률 관점에서 보면 중국이나 인도 모두 엄청난 성장 잠재력을 보유하고 있으나, 사실상 판매에 진전이 없는 것이다.

과거 금융위기 전후로 브릭스(BRICS, 브라질, 러시아, 인도, 중국, 남아프리카공화국 등 신흥 경제 5국) 시장은 전통 자동차 업체들에는 신시장이었다. 특히 금융위기에서 살아남거나 그다지 큰 타격을 받지 않았던 폭스바겐그룹이나 현대차그룹의 경우, 러시아, 브라질 등의 시장에 현지 생산 설비까지 지어가며 2010년부터 브릭스 시장을 겨냥한 과감한 행보를 보였다. 신흥국은 특성상 관세가 50%에 달하는 경우가 대부분이기 때문에 수출 자체가 사실상 불가능한 시장이다. 그런 탓에 현대차는 러시아와 브라질 진출을 위해 현지 생산 시설을 설립하는 데 과감히 투자했고 2014년부터 공장 가동을 시작했으나, 아직까지 현지 시장의 자동차 수요는 예상치만큼 올라오지 않고 있다.

신흥국의 자동차 판매 성장은 지연

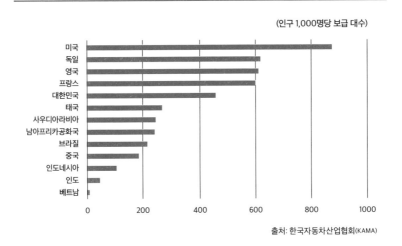

출처: 한국자동차산업협회(KAMA)

　신흥 시장에서는 신차 판매량이 증가하는 대신 승차 공유 비즈
니스 모델이 무서운 속도로 발전하고 있다. 공유 경제라는 모델 특
유의 손쉬운 접근성과 스마트폰의 보급이 결합하면서 사람들의 지
지를 받기 시작한 것이다. 그동안 수십 년간 전 세계 자본 시장을 지
배해왔던 인구수와 자동차 생산량이 비례한다는 논리는 더 이상 유
효하지 않은 공식이 되어버린 셈이다.

　중국의 디디추싱 외에도 인도의 올라(OLA), 동남아시아의 그랩
(Grab), 동유럽의 택시파이(Taxify), 남아프리카공화국의 볼트(Bolt) 등
이 활발하게 몸집을 불려가고 있다. 이 업체들의 특징은 우버나 디

디추싱처럼 자율주행 기술에 공격적으로 투자하고 있지는 않으나, 강한 네트워크 효과를 활용해 매우 빠른 속도로 기업의 영향력을 넓혀나가고 있다는 점이다. 당연히 지역 자동차 업체들은 이러한 시장의 변화로 인해 기존보다 더 치열한 경쟁 구도에 놓일 수밖에 없다.

신흥국 시장의 가장 큰 구조적 특징은 앞서도 언급했다시피 수입차에 대한 관세 부분이다. 적게는 30%, 많게는 50~60%에 달하는 수입차에 대한 관세를 걷는 탓에 신흥국의 자동차 시장은 상당히 폐쇄적인 성격을 띤다. 절대 글로벌 브랜드들이 차량 판매를 제대로 할 수 있는 시장이 아니다. 반면에 내수 브랜드들은 시장성 자체가 없다. 최근 들어서야 베트남의 빈(Vin)그룹에서 출자한 자동차 회사 빈패스트(VinFast) 정도가 미국 진출을 선언했을 정도다. 이마저도 아직까진 어떠한 글로벌 경쟁력도 보여주지 못했다. 확실히 이런 경향은 과거와는 조금 다른 양상이다. 보통 신흥국은 우리나라처럼 자국의 자동차 산업을 보호하기 위해 수입차에 높은 자동차 관세를 부과하고 그동안 자동차 산업을 키우는 것이 일반적인데, 현재의 동남아, 중남미 시장은 자동차 산업이 제대로 보급되지 않은 채 바로 차량 공유 시장이 커지는 경향이 커졌다.

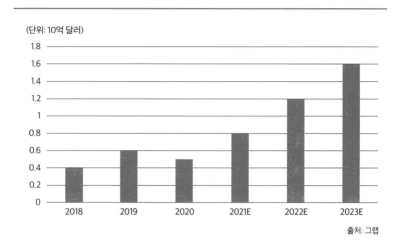

◆ 동남아시아 최대 승차 공유 업체 그랩의 매출액 추이 및 전망

(단위: 10억 달러)

출처: 그랩

모빌리티 전쟁의 불씨

코로나19가 유행하면서 큰 지각변동이 일어난 자동차 산업은 흔히 우리가 '렌터카'라고 부르는 사업이다. 렌터카 산업은 특성상 매출의 약 40%가량이 공항에서 발생한다는 점이 그들이 지금 겪는 문제의 시작이었다. 우리나라의 경우 공항 자체가 몇 개 없기에 렌터카 회사들의 사업 형태 자체가 관광 산업과의 연계 말고도 다방면으로 발전했으나, 공항 이용 건수 자체가 큰 미국의 경우 완전히 다른 형태의 매출 구조를 띄고 있다. 이 점은 미국뿐만 아니라 유럽, 중국 등 경제 선진국 대부분의 나라에서 유사한 형태를 보인다.

하지만 렌터카 업체에게는 슬프게도 코로나19 이후 공항을 이용하는 사람들이 확 줄었다. 항공 산업의 일일 운항 건수를 추적해보면 코로나19 이전에는 평균 12만 건 이상이었던 반면, 현재의 운항 건수는 여전히 8만 건이 채 되지 않는다. 이 운항 건수에서 큰 비중을 차지하던 것은 비즈니스를 목적으로 하는 여행이었으나 지금은 비즈니스 관련해서 진행하던 콘퍼런스 콜, 미팅 등이 온라인 방식으로 전환되어 공항 이용객이 코로나19 이전 수준으로 회복하는 것은 사실상 요원해졌다. 물론 백신 접종이 전 세계적으로 시작되면서 공항을 이용하는 사람들이 늘어날 수는 있겠지만, 비즈니스를 목적으로 하는 이용자는 기존보다 현격히 줄어드리란 것은 눈에 보이는 현실이다. 향후 렌터카 업체들의 매출에 결정적인 타격을 주는 구조적 이슈가 발생한 것이다.

또한, 렌터카 비즈니스 자체가 인터넷 사이트를 기반으로 운영하는 형태이다 보니, 당연히 공항 터미널에서 멀리 떨어진 곳에 자리 잡은 경우가 많은데, 이 점 역시 스마트폰 앱을 통해 편리하게 호출할 수 있는 승차 공유 업체들보다 불리하게 작용하는 점 중 하나다. 여러 가지 정황상 여행객 수요가 다시 반등하더라도, 렌터카 업체들의 매출액이 다시 코로나19 이전으로 돌아가는 것은 사실상 불가능할 것이다. 미국 시장에서는 에이비스 버짓(Avis Budget Group), 엔터프라이즈 홀딩스(Enterprise Holdings), 허츠(Hertz) 등 3대 렌터카 그룹이 시장의 95%를 차지하고 있다. 이 중 재무구조가 가장 안 좋았던 허츠의 경우 결국 기업 사냥꾼이라 불리는 투자계의 큰손 칼 아이칸(Carl Icahn)도 보유 지분을 매각했고, 회사는 현재 파산 보호 신청에 들어가 있다.

렌터카 사업의 어려움은 단순히 렌터카 업체만의 이야기가 아니다. 렌터카 산업이 미국의 신차 시장에서 차지하는 비율은 무려 19%(2019년 기준)나 된다. 연간 1,600만 대 규모로 판매되는 신차 중 렌터카 시장으로 판매되는 차량은 무려 320만 대에 달한다. 물론 대부분 자동차 업체들은 렌터카 시장에서 자신들의 신차를 노출하는 것을 꺼린다. 렌터카 시장에 신차를 판매하면 수익성이 떨어지기 때문이다. 그러나 이미 GM, 포드, 닛산 등은 렌터카 시장에 그간 판매하던 차량이 많아 렌터카 업체들의 몰락에 영향을 받을 수밖에 없는 현실이다.

완성차 업체들은 전통적으로 수익성이 좋지 않은 세단 등 일부 세그먼트 차량을 집중적으로 렌터카 시장에 판매해왔다. 이 중 닛산 같은 경우 신차 시장에서의 경쟁력 부진을 만회하기 위해 2017년부터 이미 렌터카 시장을 기반으로 한 물량 공세 전략을 펼치던 중이었다. 이는 장기적으로 봤을 때 방향을 잘못 설정했다고 볼 수 있다. 렌트용 차량은 대부분 저가의 사양과 옵션 위주로 판매가 되므로 자동차 업체 입장에서는 브랜드 가치를 하락시키는 주요 원인으로 지목하기도 했다. 이 때문에 몇몇 완성차 업체들은 그동안 렌트용 차량 판매를 줄이는 것을 목표로 해왔다. 쉽게 말하면 닛산이 최근 몇 년간 진행해온 방식은 차량의 상품성을 개선해서 경쟁력을 키우는 것이 아닌, 오로지 저가 사양 차량의 판매 물량을 늘려 규모의 경제를 통해 수익성을 방어하는 정도에 초점이 맞춰져 있던 것이다.

그러나 이러한 방식은 통하지 않는다는 사실은 드러나고 말았는데, 코로나19라는 대형 악재가 덮치며 상황은 더욱 심각해졌다. 현재 닛산은 미국 시장에서 회복이 매우 어려울 정도로까지 그 지위가 하락했다. 반대로 토요타와 혼다의 경우 지속적으로 렌터카 시장으로 판매되는 자신들의 신차 비율을 약 2% 수준으로 계속 유지해왔기 때문에 렌터카 시장이 무너져 내렸음에도 불구하고 큰 타격이 없는 것으로 나타났다.

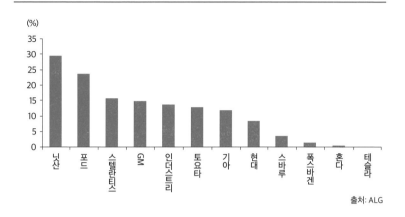

출처: ALG

다음을 준비 중인 자동차 산업

한편 렌터카 사업에 적극적으로 관여해왔는지와 상관없이 코로나19를 겪으면서 렌트용 차량 판매를 줄이게 되는데, 이는 놀랍게도 2020년 하반기부터 엄청난 수익성 개선으로 이어지게 된다. 그뿐만 아니라 기존 대형 자동차 회사들이 자동차 제조라는 기존의 틀을 넘어 모빌리티라는 큰 범주 안에서 본격적으로 사업을 빠르게 확장하는 계기가 된다. 일부 업체들은 렌트용 차량 판매 부문을 대폭 축소하고, 소비트렌드가 빠르게 변하는 상황에 맞게 움직여 기존과는 완전히 달라진 수익 구조를 갖추게 된다.

코로나19 이후 나타난 신차 구매 패턴은 기존과는 다른 양상을 띠고 있다. 럭셔리, SUV, 픽업트럭 등으로 신차 판매가 집중되기 시작되었다. 2020년 4월 이후 경기 부양을 위해 시중에 풀린 유동성 자금이 고스란히 고가차종 시장으로 몰려들며 신차 판매 시장 자체를 빠르게 견인하기 시작한 것이다. 중고차 가격 지수인 맨하임 인덱스(Manheim Index)가 연일 고점을 갱신해가며 최근 200포인트를 넘어서기 시작했는데, 이 또한 럭셔리, 픽업, SUV 차종들이 가격 상승을 이끌고 있다. 유동성에 바탕으로 강화된 소비트렌드를 십분 반영하고 있다. 이런 흐름이 이어지며 자동차 회사들은 기존의 차량을 그대로 대량 생산하는 것이 아니라 최신 기술과 첨단 사양이 대거 투입된 고가 라인업에 집중하게 되었다.

중고차 지수는 역사적으로 신차가격과 비슷한 흐름, 즉 물가 상승률 정도의 흐름을 항상 보여왔다. 하지만 코로나19 이후부터는 그 기울기가 완전하게 바뀌었다. 중고차 지수는 지난해 6월부터 10개월간 평균 약 15%의 상승을 보였다. 이것이 의미하는 바는 결국, 신차를 구매하지 못한 잠재 소비자들이 중고차 시장으로 빠르게 넘어오고 있을 뿐만 아니라 첨단 IT기술 사양을 포함한 고급 차량에 대해 소비자가 지갑을 열기 시작했다는 것이다. 즉 소비자들이 자동차를 이동 수단으로만 바라보는 것이 아니라, 하나의 모빌리티 디바이스로 인식하기 시작한 것이다.

정리하자면 자동차 산업의 사이클을 봤을 때, 2021~2022년은 자동차 산업이 초호황기로 진입하는 길목이 될 것이다. 가장 먼저 접근할 수 있는 뚜렷한 신호는 공급량과 비교했을 때 자동차를 구매하고자 하는 수요자가 분명하게 많다는 점이다. 지금까지 자동차 판매 수요에 대한 예측은 사실 정확성이 그리 높지 않았다. 소비재의 특성상 경제 정책이 변함에 따라 소비가 위축되거나, 규제로 인해 일시적으로 소비 경향이 위축되는 상황이 매우 빈번하게 발생하기 때문이다. 그러나 현재의 경제 상황은 소비를 촉진시키기 위해 국가 차원에서 소비를 부추기고 있다. 이를 위해 각국의 정부들은 엄청난 규모의 부양책들을 발표하고 있다. 이런 측면에서 봤을 때, 코로나19로 시작한 자동차 수요의 증가세는 적어도 럭셔리 세그먼트와 대형 세그먼트에서는 계속될 가능성이 충분하다.

 세그먼트(Segment)

세그먼트는 차체 길이에 따라 구분하는 유럽의 자동차 분류 방법을 말한다. 차체의 길이는 자동차의 앞 범퍼에서 뒷 범퍼까지의 길이는 말하며, 다른 말로는 전장이라고 부르기도 한다. 세그먼트별 분류는 가장 전장이 짧은 'A-세그먼트'부터 가장 긴 'F-세그먼트'까지로 나눈다. 이 외에도 SUV를 지칭하는 'J-세그먼트', 다목적 차량을 일컫는 'M-세그먼트', 스포츠카를 구분하는 'S-세그먼트'가 있다.

국내에서는 전장의 길이를 기준으로 하는 세그먼트 분류와는 다르게 전폭, 전고 그리고 배기량 등을 함께 고려해서 구분한다. 그러므로 세그먼트로 구분했을 때 다소 차이를 보이는 차량도 존재한다.

한편 차량 공급 문제의 경우 이와 반대로 당분간 강한 상승세가 나타나지 않을 가능성이 크다. 그 이유를 크게 두 가지 관점에서 찾을 수 있다. 두 가지는 바로 '자동차용 반도체 공급 부족 현상'과 전 세계적으로 대두되고 있는 '탄소 중립 계획'이다. 이 두 가지 이슈는 공통적으로 자동차 제작이나 산업 전반에 걸친 구조와 관련되어 있어 쉽게 해결되는 문제들이 아니므로 자동차 업체들이 당장 해결하기는 어렵다. 그러나 자동차 업체들은 이로 인한 손실확대를 보고만 있지는 않을 것이다. 점차 현재 상황에 익숙해질 것이고, 낮은 생산량으로도 충분히 수익을 내는 비즈니스 모델을 찾고자 할 것이다. 특히 이러한 수익 모델은 단지 자동차 판매에만 사용하지 않고, 그 범위를 늘려나간다면 새로운 기회를 만들 수도 있을 것이다.

먼저 지난 2020년 12월부터 전 세계를 강타하고 있는 자동차용 반도체의 공급 부족 현상은 향후 약 1년 이상 쉽게 해결되지 않을 가능성이 크다. 지나고 보면 당연한 현상 같지만, 반도체 업체들이 2020년 예상했던 향후 수요가 완전히 빗나간 것이 영향이 크다. 반도체 제조사들은 2020년 자동차 산업이 호황을 누리지 못할 것으로 보고 공급량을 결정했다. 이는 결정적으로 반도체 공급이 부족해 자동차 업체들이 생산량을 크게 늘리지 못하는 제약 요건으로 작용했고, 자연스럽게 자동차 산업의 생산을 제약하는 요인이 되어버리고 말았다.

자동차용으로 사용되는 반도체는 주로 NXP, 인피니온(Infineon), 르네사스(Renesas), 텍사스 인스트루먼트(Texas Instruments)와 같은 시스템 반도체 업체들로부터 공급받고 있다. 현재는 차량 내 전자장비 수요가 급작스럽게 증가하면서 반도체 공급이 수요를 따라가지 못하고 있다.

이들 반도체 업체들 입장에서는 주로 자동차용으로 사용되는 8인치 웨이퍼 팹에 대한 투자를 늘리기보다는 부가 가치가 높은 12인치 웨이퍼 팹에 대한 투자를 늘리는 것이 더 도움이 되기에, 자동차 업체들이 원하는 만큼 반도체 공급량을 늘리지 않아왔다. 이미 많은 반도체 업체들은 2020년을 기점으로 파운드리 설비가 필요한 웨이퍼의 크기를 8인치에서 12인치로 전환을 한 상태다. 자동차가 아니더라도 반도체 업계에서는 전방 산업의 수요가 향후 12인치 팹을 이용하는 경우가 훨씬 많을 것으로 판단한 것이다. 12인치 웨이퍼는 그 반경이 8인치 대비 1.5배 정도지만, 총면적은 2.25배에 달한다. 이 말은 곧 만들 수 있는 칩의 숫자 자체가 2~3배까지 증가한다는 것이다. 당연히 단위당 생산 효율에 있어서 8인치 웨이퍼보다 12인치 웨이퍼가 훨씬 우위에 있고, 이는 반도체 업체들의 수익에 변수가 생기는 핵심 요소로 작용한다. 결정적으로 12인치 팹을 통해 생산된 반도체의 경우 대부분 메모리, AP, CPU 등 고부가 가치 영역으로 공급되기 때문에 시스템 반도체 업체들이 생산시설을 저부가 가치로 구분되는 자동차용 반도체로 전환하지 않는 것이다.

반도체 업체들 입장에서는 지금 와서 8인치 팹에 대한 투자를 늘리는 것은 곧 구형 설비에 대한 투자를 늘리는 일인 것일 뿐만 아니라, 수익성을 악화시키는 요인이기도 하므로 쉽게 내릴 수 있는 의사 결정이 아니다.

단순히 수익성 부분만의 문제가 아니라 구조적인 문제도 존재한다. 웨이퍼의 크기는 식각, 증착 등 전 영역에 걸쳐 해당 업체의 밸류 체인 대부분에 영향을 미치게 된다. 그 말은 곧 단기간에 끝낼 수 없다는 의미다. 설령 시스템 반도체 업체들이 모두 지금부터 8인치 팹에 투자하기 시작하더라도 양산까지는 최소 1년간 걸리는 구조이며, 결정적으로 설비 투자 이후 공급 과잉 문제가 발생할 가능성이 존재하기 때문에 업계 전반에 걸쳐 8인치 팹 투자는 매우 조심스럽게 진행될 수밖에 없다.

이러한 공급 구조상의 문제는 얼핏 보면 자동차 산업에 있어 엄청난 악재로 보이지만, 현재 자동차 산업이 맞이하고 있는 상황을 고려하면 다른 식의 해석이 가능하다. 오히려 산업의 사이클상 장기적인 호황으로 전환하기 전 겪는 필수 단계라고 볼 필요도 있다. 현재 자동차 산업이 직면하고 있는 최대 과제는 탄소 중립이다. 현재 전세계 195개 국가가 파리기후협약 협정 참여를 위해 각 국가에서 실시할 탄소 중립 실현 방안들을 제출한 상태다. 세계에서 가장 영향력 있는 미국은 트럼프 대통령 시절 파리기후협약에서 탈퇴하겠다고 선언한 바 있다. 글로벌 친환경 에너지 사용 확산에 대대적으로 참여하지 않겠다고 나선 것이다. 하지만 조 바이든 대통령의 당선 이후 파리기후협약 복귀를 선언한 상태다. 이에 미국의 영향을 받는 많은 국가들이 다시 파리기후 협약에 관심을 기울이기 시작했다.

각 국가가 파리기후협약의 주체인 UN 당사국 총회에 제출한 실현 방안을 달성하기 위해서는 결국 자동차 산업에서 발생하는 이산화탄소 배출량을 감소시키는 게 필수다. 대부분 산업별로 이산화탄소 배출량 감소 계획을 내놓고 있지만, 결국 가장 강력한 방법은 배출량이 가장 많은 자동차 산업에서 이산화탄소 배출량을 줄이는 것이다.

이와 관련해서 유럽연합에서는 2020년부터 유럽에 소재를 둔 자동차 회사 차량의 평균 이산화탄소 배출량을 95g/km 이하로 제한하기 시작했다. 사실 유럽은 이미 전 지구적인 범위의 기후 변화에 민감하게 대응하고 있었다. 이산화탄소 배출량을 감축시키기 위한 노력을 지속적으로 강하게 해왔으며, 2012년부터 2019년까지는 차량이 평균적으로 배출하는 이산화탄소 양을 130g/km 이하로 정했다가 최근 규제를 강화한 것이다. 유럽연합에서는 이 목표치를 달성하지 못하면 강력한 벌금을 부과한다. 목표 배출량에서 1g/km 만큼 미달할 때마다 자동차 1대당 95유로의 벌금을 내야 한다. 현대차그룹의 차종 중 유럽에서 가장 판매 반응이 좋은 투싼을 예로 들면 2020년식 1.6L 가솔린 차량의 이산화탄소 배출량이 무려 148g/km에 달한다. 이미 2012~2019년 기준치를 월등히 초과한 수치로, 2020년부터 적용되는 새로운 배출량 목표치인 95g/km 기준으로 하면 사실상 판매가 불가능한 수준인 셈이다.

자동차 회사들의 가장 큰 문제는 2012년에서 2019년까지의 시행령이 진행되는 동안 2020년에 대한 준비가 없었다는 점이다. 이산화탄소 배출량의 제한이 130g/km에서 95g/km로 감소한다는 것은 엄청난 변화다. 물론 방법이 아예 없는 것은 아니다. 전 차량을 연비가 좋은 하이브리드 자동차[Hybrid Electric Vehicle(이하 HEV)]로 바꾸면 목표 달성이 가능할 것이다. 앞서 예를 들었던 투싼의 하이브리드 버전 역시 이산화탄소 배출량은 99g/km로 여전히 목표치를 웃도는 수치지만 그래도 비슷한 수준까지는 도달한 셈이다. 하지만 이것은 순전히 자동차 회사의 입장일 뿐, 상당수의 소비자는 여전히 순수 가솔린 차량을 원할 것이기 때문에 사실상 실현 불가능한 이야기다.

심지어 EU의 이산화탄소 배출량 규제는 2025년이 되면 더욱 강화될 예정이다. 2025년의 목표치는 2020년 목표치인 95g/km 대비 15%가 감소한 수치이고, 2030년에는 이 수치 대비 무려 37.5% 감소한 수치가 목표이기 때문에 사실상 자동차 메이커들은 순수 전기차 생산을 크게 늘리는 수밖에 없다. 사실상 2020~2021년부터 시작한 이러한 연비 규제 때문에 더 이상 자동차 회사들은 내연 기관 차량의 생산량을 늘릴 계획은 없다고 보는 것이 맞다. 오히려 지금은 기존의 순수 내연 기관 라인업을 줄이는 한이 있더라도, 2022~2023년부터 본격 판매를 할 수 있는 전기차 플랫폼 개발에 몰두해야만 하는 상황이다.

이러한 상황은 유럽뿐만 아니라 미국에서도 동일하게 나타나고 있다. 이런 이유로 전 세계 대부분의 자동차 시장 상황이 현재 공급자 우위 현상이 나타나는 것이다. 특히 가장 중요한 미국 자동차 시장에서도 탄소 중립은 지난 10년간 증가해왔던 신차의 할인 판매율이 축소되는 계기로 작용하는 중이다. 자동차 시장에서 할인 판매가 감소하고 있다는 것은 아주 큰 트렌드이며 현재의 낮은 재고 수준은 이러한 흐름이 당분간 이어질 수 있음을 의미하기도 한다.

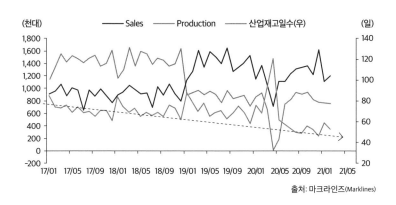

◆ 미국 자동차 판매, 생산, 재고의 비교:
생산 감소와 전기차 시장 도래로 인한 교집합 발생

출처: 마크라인즈(Marklines)

자동차 딜러들이 소비자에게 제시하는 할인 금액인 인센티브의 흐름은 자동차 업종의 주가에도 지대한 영향을 미쳐왔고, 전반적인 경기 상황을 대변하기도 하므로 좀 더 자세히 살펴볼 필요가 있다. 전 세계에서 가장 중요하다고 여겨지는 미국의 자동차 시장에서는 자동차 회사들의 할인 판매가 2010년을 기점으로 증가하기 시작했었다. 일반적으로 자동차 딜러들이 소비자에게 제시하는 할인 금액인 인센티브 비용의 산업 내 평균치가 2010년 약 2,000달러였던 반면 2019년에는 거의 3,900달러까지 증가한 것이다.

그러나 2020년 코로나19가의 대유행은 이러한 흐름을 완전히 바꿔놓았다. 과도한 생산량 감소가 자동차 산업에 영향을 미친 것이다. 자동차 산업은 특성상 가동률을 줄이고 늘리는 데 필요한 시간이 길고, 단 몇 가지 부품의 공급에 차질이 생기면 자동차 생산 자체가 진행되질 않는다. 그만큼 생산이나 공급의 연쇄 과정을 의미하는 서플라이 체인(Supply chain)의 영향을 많이 받기에 가동률을 쉽게 끌어올릴 수가 없다. 따라서 현재 자동차 시장의 산업 재고는 이러한 상황이 반영되어 매우 낮은 2개월 미만의 재고 수준이 유지되고 있으며, 앞으로 가동률이 조금이라도 먼저 오르는 업체는 큰 수익을 낼 수 있는 환경이 된 것이다.

자동차 제조업체들은 코로나19 이후 여러 우려에도 불구하고 고가차종을 중심으로 한 신차 판매가 오히려 증가하며 현금흐름이 돌기 시작했는데, 이는 자동차 업체들에게 미래산업에 크게 투자할 수 있는 기회로 작용한다. 기존 방식대로인 엔진과 변속기에 대한 신규투자는 이미 사실상 멈췄다. 이제는 배터리, 전동화 부품, 전장화의 핵심인 커넥티드카 소프트웨어 개발, 자율주행 투자가 본격적으로 시작되는 시대가 온 것이다.

◆ 미국 신차 인센티브 흐름:
2020년 초 이후 가속화되고 있는 인센티브의 하락세

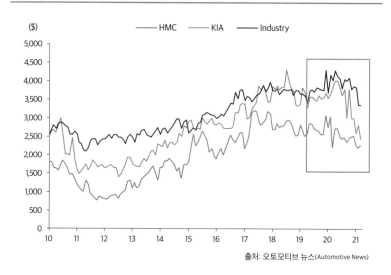

출처: 오토모티브 뉴스(Automotive News)

전기차 업체들의 갑작스러운 부상

2009년 이후 미국을 제치고 세계에서 가장 큰 규모의 자동차 시장으로 발돋움한 중국 시장에서는 수많은 자동차 업체들이 탄생했다. 지난 5년간 세계 전기차 업체의 숫자는 매우 빠른 속도로 불어났다. 중국도 마찬가지로, 현재 중국 내에서 순수하게 전기차를 취급하는 업체는 400여 곳에 달한다. 이 중 2019년에 미국 예탁 증권 [American depository Recipt(이하 ADR)]으로 나스닥 상장에 성공한 니오의 현재 시가총액은 480억 달러를 넘어섰다.

중국은 2000년 WTO 가입 이후 눈부신 경제성장과 함께 자동차 산업이 계속해서 성장했다. 처음에는 내연 기관 차량을 주로 개발했지만, 내연 기관 차량이 환경오염의 주범으로 지목되면서 결국 자신들이 미국이나 유럽과 비교했을 때 같은 출발선에서 시작할 수 있는 전기차 산업에 베팅하게 된 것이다. 이러한 환경 속에서 태어나 가장 먼저 두각을 나타낸 업체가 앞서 말한 니오다. 2020년 니오의 총 판매대수는 43,728대를 기록했다. 가파른 성장에 힘입어 결국 니오는 중국 자동차 업체 중 가장 높은 기업 가치를 기록하게 되었다. 단순히 시가총액/판매대수의 로직으로 비교해보면, 2020년 연간 50만 대 판매를 기록한 테슬라보다도 더 높은 평가를 받고 있다. 니오의 성공 이후 신규업체들의 자동차 산업 진출 속도는 더욱 빨라지고 있다. 특히 중국의 경우 이미 엄청난 규모의 자금을 확보한 바이두, 텐센트, 알리바바 등이 삼각편대를 이루며 각각 전기차 업체 설립에 적극적으로 투자하는 중이다.

신규 업체들이 자동차 산업 진출하려는 움직임은 이제 시작 단계라고 볼 수 있다. 이러한 현상이 일어나게 된 배경으로 크게 두 가지를 꼽을 수 있다. 첫 번째는 자본 조달 비용의 하락으로 인한 기존 기술 기업들의 사업 확장 그리고 두 번째는 전기차로의 패러다임 변화에 따른 진입 장벽 하락이다.

먼저 첫 번째 배경을 살펴보면, 현재 주식 시장에 상장된 대표적인 신규 업체들의 초기 투자자는 대부분 금전적 투자 수익만을 목적으로 하는 대형 FI(Financial Investor, 재무적 투자자)가 많다. 이들은 기술 기업과 전통 자산에서 벗어나 대체 자산 투자를 늘리고 있는 연기금들의 자본력을 바탕으로 하는 경우가 많다. 예를 들어 소프트뱅크는 대표적인 신규 기업인 우버에 약 77억 달러를 투자하며 지분을 확보하고 있다. 마찬가지로 중국의 최대 인터넷 기업인 텐센트도 니오에 약 5억 달러를 초기에 투자하면서 니오 지분의 15.1%를 보유하고 있는 상태다. 양사 모두 직접 진행하는 사업보다는 각각의 투자 회사인 비전 펀드(Vision Fund)와 옐로우 리버(Yellow River)를 통해 시장과 기업을 지배하는 구조이다. 현재 등장하고 있는 대부분의 신규진입 업체들은 이런 식으로 거대 IT업체들의 자체 투자 펀드를 통해 그들과 직간접적으로 연결되어 있다.

한 가지 사례를 더 확인해보면, 테슬라의 기존 엔지니어였던 피터 롤린슨(Peter Rawlinson)이 설

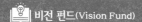
비전 펀드(Vision Fund)

2016년 국내에도 유명한 손정의가 CEO로 취임 중인 소프트뱅크그룹과 사우디 국부 펀드가 함께 조성한 펀드. 국내 기업 중에 쿠팡에 투자한 일로 우리에게 친숙하다. 다양한 분야에 투자하고 있으며 이 중에는 차량 공유 서비스의 선구자 우버가 포함되어 있다. 우버 외에도 중국의 디디추싱, 동남아시아의 그랩, 인도의 올라 등에 투자하며 차량 서비스 부문으로 공격적인 투자를 이어오고 있다. 최근에는 디디추싱의 IPO 소식으로 시장의 관심을 끌어모으는 중이다.

립한 루시드 모터스(Lucid Motors)가 있다. 루시드 모터스의 현재 지분 구조는 사우디아라비아의 투자펀드인 PIF와 연기금이나 보험사를 등에 업고 압도적으로 강한 자본력을 자랑하는 블랙록(BlackRock), 피델리티(Fidelity), 프랭클린 템플턴(Franklin Templeton) 등의 자산 운용사들이 관여하고 있다. 이를 기반으로 루시드 모터스 초기에 투자받은 자금만 무려 163억 달러에 달한다. 현재처럼 저금리 경제 기조가 이어지는 한, 당분간은 이러한 속도의 투자금 모집이 계속될 가능성이 크고, 자연스럽게 산업의 패러다임 변화에 있어 매우 유리한 환경을 제공하는 기반이 될 것이다.

다만 이렇게 빨리 모집된 자금과 사업체들의 경우, 아직 변화하지 못한 기존 생태계의 룰과 일시적으로 충돌이 발생할 가능성이 크다. 예를 들어 자동차 산업에서 신규 진입 업체들은 현재 모두 직접 소비자에게 차량을 판매하는 형태를 추구하고 있지만, 이는 미국의 딜러 프랜차이즈 법에 의하면 불법이다. 미국에서는 신차 판매망을 담당하고 있는 자동차 딜러들이 신차의 판매뿐만 아니라 사후 A/S까지 종합적으로 관여하고 있어 수십 년 전부터 딜러를 통해서만 신차 판매가 허용되었다. 이러한 관례에서 벗어나 사업의 수직계열화를 위해 테슬라는 처음부터 온라인을 통한 직접 판매 모델을 기획했다. 이 때문에 미국 52개 주 전역에서 각각의 주 정부와 소송전을 벌여왔다. 그 결과 현재는 대부분의 주에서 테슬라의 자체판매가 가능해졌지만, 이러한 상황이 오기까지 무려 10년이 넘게 소요되었다. 바꿔 말하면 테슬라의 경우는 현 상황에서 조금 특별한 경우고, 지금 신규로 진입하는 전기차 업체들은 당분간 판매 그 자체에 진입장벽이 형성되어 있는 셈이다. 다만 신정부의 탄소 중립 계획 등을 감안한 것인지, 몇몇 주에서는 순수 전기차의 경우에만 직접판매 형태를 허용하는 법안을 발의하는 등 변화는 정부 차원에서도 천천히 일어나고 있다.

현재 자동차 산업은 1895년도와 매우 유사한 양상을 띠고 있다. 당시 자동차 산업은 듀리에 모터 왜건(Duryea Motor Wagon Company)에 의해 내연 기관의 대중화를 이루기 시작했고, 기존의 마차를 대체하는 새로운 산업으로 급부상했다. 제조업의 개화 시점과 발맞추어 1895년 미국에만 무려 1,900여 개의 자동차 업체가 생겨났던 것으로 기록되어 있다. 하지만 이후 컨베이어 벨트 방식을 통해 모델 T의 대량 생산을 구현해낸 포드 자동차에 의해 1920년대부터 과점체제로 접어들게 된다.

이런 일련의 과정은 현재의 자동차 시장 상황과도 매우 유사하다고 볼 수 있다. 현재 이 시간에도 신규 업체들이 전기자동차 시장의 메이커가 되기 위해 자동차 산업의 문을 두드리고 있다. 2020년 기준 미국의 전기자동차 관련 기업 공개(IPO)의 건수는 약 480건을 넘긴 것으로 집계되었다. '닷컴버블' 이후 사상 최대인 셈이다. 하지만 아직도 초기 단계라고 생각한다. 자동차 산업에서 신생 전기차 업체나 전동화 부품 업체들은 더욱 많아질 것으로 예상한다.

이와 같은 배경에는 전 세계적인 추세일 뿐만 아니라, 현 미국 정부의 정책과도 일치하는 면이 있다. 종합하면 기존에 미국 시장에 기존 판매망을 갖추고 있던 내연 기관 자동차 업체들은 2021~2022년이면 모두 전기차 판매 계획을 본격화할 것이고, 신규로 시장에 진입하는 업체들의 경우 기존 업체들보다 더욱 공격적인 계획으로 시장에 발을 들일 것이다.

현재 대표적으로 루시드 모터스, 로즈타운 모터스(Lordstown Motors), 피스커(Fisker) 등 3사가 승용차와 픽업트럭 시장에 출사표를 내민 셈인데, 이들 외에도 워크호스(Workhorse), 카누(Canoo), 프로테라(Proterra), 하일리온(Hyliion) 등 많은 기업들이 상용차 시장에 도전장을 내밀고 있다. 물론 시작했을 뿐이지 아직 이들의 성공을 점치기는 이르다. 이 업체들도 테슬라와 같이 수십만 대 급의 대량 생산 체제로 넘어가는 구간에서는 프로덕션 헬(production hell: 테슬라의 CEO인 일론 머스크가 대량 생산의 어려움을 표현하기 위해 빗대어 사용한 표현)을 맞이하게 될 것이기 때문에 이들 모두가 단기간 내 확실한 성공을 손에 넣기는 어려울 것이다.

전기차로 급변하는
자동차 시장

왜 전기차인가?

자동차 산업은 2015년 폭스바겐그룹의 '디젤게이트' 사건 이후로 많은 변화가 일어났다. 디젤게이트란, 폭스바겐그룹이 디젤 엔진의 배기가스 배출량을 소프트웨어를 이용해 조작한 사건이다. 폭스바겐그룹의 차량에 들어 있는 센서로 인지해, 주행시험이라고 판단될 때만 저감장치를 작동시켜 배기가스 배출량을 기준치에 맞춰온 부정행위다. 이런 방식으로 주행시험은 넘어갔지만, 실제 운행 시에는 배기가스 배출량이 기준치의 40배나 초과한 사실을 미국 환경청이

고발한 사건을 말한다.

디젤게이트 사건은 많은 자동차 기업들에 대한 규제와 의심으로 이어졌고, 시장은 연비 개선과 배기가스 배출량 감소라는 쉽지 않은 과제를 끌어안게 되었다. 이로 인해 자동차 회사들은 연비 개선을 위해 수십조 원의 투자금을 쏟아부어야 했고, 전 세계 자동차 수요는 2016년을 고점으로 오히려 감소하기 시작하며 대형 자동차 회사들에 대한 전망은 나빠지기 시작했다. 2015년부터 자동차 회사들이 가장 공들여 투자한 기술은 엔진 다운사이징(연비 규제를 맞추기 위한 엔진의 소형화), 터보차저, DCT(Dual Clutch Transmission)였지만, 시장이 침체되면서 자동차 판매량이 증가하지 못한 것이다.

이 사건으로 인해 세계 최대 자동차 제조사인 폭스바겐그룹을 필두로 많은 자동차 업체들이 내연 기관 파워트레인(엔진과 변속기 등) 개발을 줄였고, 전기차 개발로 방향을 전환하는 계기가 됐다. 또한, 이 시기에 중국이 세계 최대의 자동차 시장으로 떠오르면서 2000년대부터 폭스바겐, 토요타, GM을 중심으로 형성되어 왔던 자동차 산업의 과점화는 깨지기 시작했다. 심지어 이들 업체의 생산 설비 역시 좌초자산*(Stranded Asset)으로 분류되기 시작했다. 디젤게이트로 인

---

* 　좌초자산(Stranded Asset): 기존에는 경제성이 있어 투자가 이뤄졌으나 시장 환경의 변화로 가치가 하락하고 부채가 되어 버린 자산.

해 소비자들의 내연 기관 차량에 대한 인식이 바뀐 것은 물론이고, 전기차 시장이 실제로 중국과 유럽을 중심으로 형성되기 시작한 것이다. 특히 2017년에는 테슬라의 '모델 3'가 처음 생산되기 시작하면서 기존에 닛산의 '리프(Leaf)', GM의 '볼트(Bolt)' 등으로 형성되어 있던 마이너한 전기차 시장이 메인스트림으로 인정받기 시작한다.

이때부터 기존 자동차 업체들은 본격적으로 전기차 개발에 준비를 시작한다. 하지만 수익성과 성장성이라는 두 가지 이질적인 개념이 본격적으로 충돌하기 시작했다. 어쨌든 각국의 이산화탄소 배출량 규제는 2020년을 기점으로 크게 강화되었기에 자동차 업체들은 전기차 생산 전략을 구체적으로 세워야만 했다. 지역별로는 먼저 중국과 유럽이 각각 강력한 연비 규제를 꺼내들었다. 이로써 내연 기관 파워트레인을 기반으로 생산되는 차량이 더 이상 산업 내에서 성장성을 인정받지 못하게 되었음을 의미한다. 한때 자동차 산업을 대표하던 폭스바겐그룹은 디젤게이트 스캔들 이후 그 누구보다도 빠르게 전기차 업체로의 전환을 시도하고 있으나 아직 큰 성과는 나타나지 않고 있다. 자연스럽게 2012년 180조 원에 달하던 시가총액은 2021년 현재 120조 원 수준에 머물고 있다.

디젤게이트 외에도 2020년 세계를 공포에 떨게 한 코로나19 바이러스도 자동차 산업의 지형을 바꾸는 데 일조했다. 코로나19 바이러스가 전 세계적으로 퍼지며 각국의 정부는 전에 없던 규모의 유동성 정책을 펼치게 된다. 이로 인해 대형 IT업체들의 연구 개발 속도가 기하급수적으로 빨라졌다. 마이크로소프트의 CEO인 사티아 나델라(Satya Nadella)는 코로나19 바이러스 발생 이후, 2년 동안 이뤄져야 할 디지털 전환이 단 2달 만에 이뤄졌다고도 언급했다. 재택 근무가 일상이 되고, 학교 수업이 집에서 이뤄지기 시작하면서 일상에서 디지털 기기가 차지하게 되는 비중이 증가했다. 이러한 디지털화의 물결은 자동차 산업으로도 금세 영향을 뻗게 되었다.

자본 시장은 모빌리티 시장의 변화를 적극적으로 받아들이기 시작했으며, 이 역시 코로나19 이후 각국 정부가 쏟아부은 유동성 때문에 비정상적일 만큼 빠른 속도로 진행되었다. 2020년 하반기부터 수많은 모빌리티 업체들이 자본 시장의 문을 두드리기 시작했다. 전통 자동차 산업의 모델인 전기차 생산, 자율주행 전문 스타트업, 전동화 파워트레인을 기반으로 한 UAM, 전고체 배터리, 2차 전지 리사이클, 온라인 중고차 매매, 자동차 보험 등 자동차 시장 전후방과 관련된 업체들이 기다렸다는 듯이 일제히 IPO를 통해 자본 조달을 하기 시작한 것이다.

한편 코로나19 피해가 심각했던 유럽의 경우, 실업률 방어를 위해 내연 기관 위주의 부양책을 펼칠 것이라는 시장의 우려가 있었다. 즉 기존 자동차 산업의 이산화탄소 배출량 감축 계획 목표치인 95g/km를 유예할 수도 있다는 목소리였다. 하지만 감축 계획을 유예하기는커녕, 전기차 보조금 규모를 확대하며 오히려 전기차 시대를 앞당기는 역할을 하게 된다. 이로 인해 2018년 20만 대에 불과했던 서유럽의 순수 전기차 시장 규모는 2020년 71만 대로 급성장하기 시작했다. 중국도 비슷하게 2020년 말 종료가 예정되어 있던 전기차 보조금을 2022년 말까지 연장했다.

이러한 주요 자동차 대국들의 대응은 이미 전기차 패러다임은 돌이킬 수 없는 상황임을 의미한다. 이렇게 디젤게이트 사건과 코로나19 바이러스로 인해 자동차 회사들은 전기차 판매 전략을 더욱 강화하고 있다. 사실 이미 세계는 테슬라의 출현으로 자동차 산업의 구조적 재편을 감지하고 있었던 참이었다. 변화는 이미 예정되어 있던 셈이다.

전기차 레이스는 이미 시작되었다

대형 완성차 업체들은 2015년을 기점으로 비즈니스의 전환점을 맞이하게 된다. 디젤게이트 이후 큰 타격을 입은 폭스바겐그룹은

'MEB'라는 이름의 전기차 전용 플랫폼을 개발을 시작하는데, 이는 당시 내연 기관 자동차 업체 중에서는 상당히 파격적인 행보였다. 이후 여러 자동차 업체들이 전기차 전용 플랫폼 개발을 시작한다. 국내의 현대차그룹은 이 중 가장 적극적인 포지션을 취한다. GM의 경우 여러 차례 적극적인 전기차 전략을 발표했으나, 미국에서는 보조금 제한에 걸려 계획만큼 일이 진행되지 않고 일정이 지연되고 만다.

자동차 회사들은 특정 세그먼트별로 묶어 플랫폼을 구성함으로써 규모의 경제와 대량 생산 체제를 갖춰 왔다. 그러나 그동안 이러한 플랫폼은 내연 기관 차량의 대량 생산만을 위한

전기차 전용 플랫폼

출처: 현대차그룹

서스펜션과 차량의 심장 역할을 하는 동력 장치의 배치서부터 중량 배분, 무게 중심 등 자동차의 핵심 요소들을 결정하는 차체 구조물을 자동차 플랫폼이라 한다. 이 중에 전기차 제조만을 위한 플랫폼을 전기차 전용 플랫폼으로 분류한다. 기본적으로 전기차는 내연 기관 차량과는 구조가 다르다. 하지만 현재 많은 기업들은 기존에 보유한 내연 기관 차량 플랫폼 위에 모터와 배터리 등을 조립해 전기차를 만든다. 전기차 전용 플랫폼을 사용하면 실내 공간 활용도가 좋고, 동력 성능이나 무게 중심의 안정성이 높다.

현재 많은 전용 플랫폼이 등장하고 있으며 예를 들면 현대차의 'E-GMP', 폭스바겐의 'MEB' 등이 있다.

전유물이었고, 대부분 회사들이 생산해온 전기차는 내연 기관 플랫

폼을 개조한 파생 형태의 전기차였다. 반면 폭스바겐그룹과 현대차그룹이 발표한 MEB, E-GMP 플랫폼 등의 전기차 전용 플랫폼은 순전히 전기차 개발을 위한 플랫폼이고, 이는 향후 본격적으로 전기차 사업에 뛰어들 계획임을 의미한다.

2015년 당시 글로벌 자동차 메이커 중 가장 앞선 전기차 기술을 보유하고 있는 업체는 리프의 제조사 닛산과 i3, i8 등 i시리즈를 소개한 BMW 정도였다. 폭스바겐그룹은 2015년까지만 하더라도 전기차 시장에서는 후발주자나 다름없었다. 그 당시 자동차 회사들은 2020년부터 반영되기 시작하는 95g/km 기준의 EU의 이산화탄소 배출량 규제가 유예될 가능성이 크다고 보고 있었기 때문에 더더욱 전기차 시장의 팽창 속도에 대해 의구심을 가지던 상황이었다. 그러나 이러한 예상과는 다르게 EU는 이산화탄소 배출량 규제를 그대로 강행하며, 기존 자동차 회사들은 전기차 생산의 시작을 서두르게 된다.

전 세계 전기차 시장은 2020년 기준으로 약 200만 대가 판매되었다. 총 자동차 산업 내에서 차지하는 비중은 약 2.8% 수준이다. 지역별로 구분하면 글로벌 전기차 판매량은 대부분 중국, 서유럽, 미국으로 구성되어 있다. 글로벌 주요 자동차 메이커들은 지금으로부터 4년 후인 2025년을 기점으로 전기차 판매 예상치들을 언급하고 있는데, 2025년 전 세계 총 전기차 판매 수치는 약 1,420만 대에 달할 것으로 점쳐진다. 2025년 기준으로 주요 시장 중에서는 중국, 유럽이 각각 569만 대, 391만 대를 기록할 것으로 예상되며, 미국의 경우 약 391만 대까지 성장할 것으로 기대된다. 종합해서 보면 2025년 자동차 시장에서 순수 전기차의 침투율은 약 17%를 상회하는 것이다. 여기서 한 가지 주의 깊게 봐야 할 점이 있다. 순수한 내연 기관(ICE, Internal Combustion Engine) 기반으로 생산된 차의 수치가 감소한다는 점이다. 물론 이는 내연 기관 차량뿐만 아니라 엔진과 변속기 등 내연 기관 전용 동력 부품의 사용 감소를 의미하기도 한다.

◆ 전 세계 순수 전기차 시장 전망

출처: Marklines, 이베스트투자증권 리서치센터

그래서인지 현재 전 세계 주요 자동차 회사들은 2025년을 기준으로 순수 전기차 판매에 대한 계획을 공식적으로 언급하고 있다.

이는 전기차 시장의 형성에 있어서 매우 중요한 이정표로 작용할 것이다. 일반적으로 자동차 회사의 경영진은 보수적인 전망치를 발표하는 경향이 있다. 모든 대형 자동차 회사들은 이미 상장되어 있는 탓에, 이들이 자체적으로 제시한 전망치에 도달하지 못하는 경우 향후 지속성장 가능성에 대한 의구심으로 인해 기업가치가 감소할 가능성이 크기 때문이다. 이 점을 고려해서 자동차 회사들이 발표한 전망치를 봐야 한다.

현재 주요 메이커들이 밝힌 글로벌 판매 전망치를 보면, 폭스바겐의 경우 2025년 약 300만 대, 현대기아차는 110만 대, GM은 100만 대, 토요타는 50만 대 수준이다. 글로벌 메이커 중 현대차그룹이 폭스바겐의 뒤를 쫓고 있는 형태인 셈이다. 한편 이러한 수치들은 자동차 메이커들이 시장에서 발생하는 전기차 판매량을 최소한도로 전망했을 가능성이 크다. 그 이유는 현재 미국이 중국, 유럽과 비교했을 때 매우 적은 전기차 보조금을 지원하고 있기 때문이다. 물론 장기적으로 전기차 시장이 확대되면서 전기차 보조금은 사라지겠지만, 시장 형성의 초기 구간인 지금은 보조금의 유무가 시장 확보의 매우 중요한 요소다. 따라서 이후 미국 정부의 보조금 정책에 따라 전 세계 전기차 판매량 예상치가 변동될 가능성이 크고, 궁극적으로 자동차 회사들은 세계 최대 자동차 소비국 중 하나인 미국 시장에서 전기차 판매를 공격적으로 계획할 수 있게 될 것이다.

전기차 시장의 게임 체인저

2020년 유럽과 중국에서는 각각 71만 대, 93만 대의 전기차 판매를 기록했다. 반면 또 다른 세계 최대 자동차 시장 중 하나인 미국에서 2020년 기준 전기차 판매가 25만 대 수준에 그쳤는데, 이는 유럽과 중국의 전기차 시장 규모에 한참 뒤처지는 수치다. 특히 2020년 25만 대 중 테슬라의 판매 대수가 20만 대에 달하는 만큼, 사실상 미국에서 제대로 전기차 판매 중인 대형 자동차 업체는 없다고 봐야 한다.

미국의 신정부 출범과 함께 이러한 차이를 줄이기 위한 노력을 할 것으로 보인다. 이에 따라 자동차 시장 내에서 2021년 기대되는 미국의 전기차 활성화 방안은 크게 두 가지다. 먼저 관용차의 전기차 전환이다. 향후 10년간 미국 정부 및 공공기관에서는 국산 전기차 65만 대를 구입할 예정이다. 문제는 미국의 연방조달법에 따르면 미국산 전기차는 부품의 현지화율 비중이 50%를 넘어야 한다는 조항이 있다. 테슬라를 제외하고 미국에서 현지 생산이 이뤄지고 있는 전기차는 쉐보레의 볼트, 닛산의 리프가 있다. 두 차종의 부품 현지화 비율은 35% 수준으로, 연방조달법에 의하면 이들은 미국산 전기차로 구분되지 않는 셈이다.

둘째로, 미국의 전기차 보조금 대상 대수가 증가할 예정이다. 바이든 정부는 'GREEN(Growing Renewable Energy and Efficiency Now)' 정책을 제시하였고, 이 안에는 전기차 시장 활성화를 위한 핵심이 되는 내용이 포함되어 있다. 현재 미국 정부가 제시하고 있는 전기차 보조금은 대당 7,500달러 정도다. 여기에 주별로 대당 2,000~3,000달러 정도의 추가 보조금이 일반적으로 더 붙는다.

결과적으로 전기차 구매에 있어서 핵심 변수는 결국 정부 보조금인 만큼 지원금의 액수도 액수지만, 몇 대까지 지원해주느냐도 중요하다. 현재 미국의 정부 보조금은 누적 기준으로 20만 대까지 지급하고 있다. 보조금 지급은 미국에서 자동차를 판매하는 업체들이 ZEV*(Zero-Emission Vehicle), CAFE**(Corporate Average Fuel Economy) 등 매

---

* Zero-Emission Vehicle(ZEV): 공해 물질을 내뿜치 않는 자동차

** Corporate Average Fuel Economy(CAFE): 한 기업이 해당 연도에 생산하는 자동차의 평균연비를 규제하는 제도.

년 강화되고 있는 이산화탄소 배출량 규제의 압박을 해소할 수 있는 유일한 해결책이다. 현재까지 시행되던 보조금 정책으로는 그 어떤 자동차 업체도 전기차 시장에 진출할 동기 부여를 얻기 힘들다. 따라서 바이든 정부는 GREEN 정책을 통해 이 수치를 60만 대로 늘릴 것을 약속했다. 이를 통해 자동차 업체들이 본격적으로 전기차 시장에 뛰어들 계기가 마련된 것이다.

미국이 전기차 시장 활성화를 위해 꺼낼 수 있는 카드는 결국 보조금 혜택과 관련된 것이다. 현재 바이든 정부는 유럽과 중국보다 뒤처진 미국이 전기차의 패권을 가져오기 위해서 대대적으로 현지화를 자동차 업체들에 요구할 가능성이 크다. 미국 자동차 시장은 현재 관세를 부여하지 않는 무관세다. 미국의 시장으로 전기차를 수출하고, 누적으로 20만 대를 판매하기까지는 보조금 혜택을 받는 데 아무런 제약이 없는 것이다. 하지만 한 산업의 패권 확보를 위해서는 이러한 논리는 언제든지 뒤집힐 수 있다. 오히려 지금의 상황이 더 의아할 정도다. 미국의 입장에서 봤을 때, 지금까지 자동차 업체들의 현지화를 요구하지 않은 것이 이상할 정도다. 따라서 미국은 향후 보조금 대상 차종들은 모두 현지화를 요구할 가능성이 크고, 바이 아메리칸 기조에 따라 미국 내 전기차 판매를 적극적으로 하고자 하는 업체는 부품의 현지화율을 50% 이상으로 올릴 수밖에 없을 것이다.

미국 내 자동차와 자동차 부품 판매가 주력 사업인 현대차그룹과 협력 업체들에게 있어 전기 자동차 생산의 미국 현지화는 엄청난 비즈니스의 변화를 의미할 것이다. 향후 전기차 시장은 매우 치열해질 것이기 때문에, 조금이라도 앞서서 대응하면 결실을 맺는 데 큰 도움이 될 것이다.

자동차 업체의 고민

하지만 아쉽게도 기존의 거대 자동차 회사들의 사업 구조는 폭발하는 전기차 시장에 빠르게 대응할 수 없도록 짜여 있다. 이는 크게 두 가지 관점에서 볼 수 있다. 자동차 회사 대부분이 각기 다른 전기차 계획을 공식적으로 발표하고 있지만, 현재 시점에서 회사의 전사적 역량 중 상당 부분을 여전히 내연 기관을 사용하는 차량 개발에 배정할 수밖에 없는 게 현실이다. 캠리나 어코드, 쏘나타 등의 대표적인 내연 기관 차량을 예로 들어보면, 일반적으로 차세대 신차 개발에만 평균적으로 약 3,000~5,000억 원가량의 개발비가 발생한다. 여기에는 디자인, 금형, 파워트레인 성능개선 등의 비용이 포함된다. 자동차 업체 입장에서는 분명 내연 기관 차량이라도 단종시킬 모델이 아닌 이상 차세대 모델로의 개선이 필요하다. 계속해서 전기차 시장이 성장하고 있기는 하지만, 내연 기관 차량의 포션을 완전히 포기하기는 어렵기 때문이다.

　동시에 각국의 이산화탄소 배출량 규제에 통과하지 못하면 천문학적인 페널티가 발생한다. 자동차 업체들은 당장의 내연 기관 차량의 판매중단은 사실상 불가능하므로 기존 내연 기관을 어떠한 형태로든 유지하되 이산화탄소 배출량을 줄이는 형태로 신형 파워트레인을 추가로 개발할 수밖에 없다. 그러나 이러한 형태의 투자는 신차 판매를 증가시킬 수 있는 결정적인 변수가 아니다. 터보차저나 48볼트 배터리 시스템 등은 결정적으로 보완재일 뿐이다. 지난 20년간 내연 기관 산업 성장의 절대적인 촉매제로 작용해왔던 6기통 자연흡기 엔진을 완전히 대체할 수 없기 때문이다.

　자동차 회사들이 전기차 시장에 빠르게 대응하기 힘든 두 번째 이유는 자동차 회사들의 부품 공급 구조가 내연 기관 사업에 특화된 수직 계열화를 이루고 있기 때문이다. 자동차 산업은 역사적으로 부품공급망의 확보 여부에 따라 기업의 펀더멘털이 정해지는 경향을 보인다. 그 결과 자연스럽게 자동차 회사들은 자신들의 자회사로 부품회사에 투자해왔다. 예를 들어 폭스바겐그룹과 다임러 등 유럽 굴지의 자동차 그룹이 각각 '폭스바겐 Component', '다임러 Powertrain'이라는 자사 브랜드에 투입되는 핵심 부품을 공급하는 부품사업을 키워온 것처럼 말이다.

미국의 GM 역시 산하에 있는 'GM Propulsion System(기존의 GM Powetrain)'에서 엔진과 변속기 생산을 도맡아 진행한다. 구조적으로 수직 계열화가 되어있는 것이다. 그 결과 회사 내부에서 막강한 엔진, 변속기 브랜드들을 제조해서 공급받았고, 심지어 경쟁업체들에 엔진과 변속기를 판매해왔고, 이를 통해서 엄청난 수익을 내왔다. 특히 벤츠 엔진은 자동차 레이싱에서 타의 추종을 불허할 정도로 인정받기도 했고, 닛산, 애스턴 마틴 등 유수의 메이커로 공급하는 시스템을 갖추고 있었으나, 이러한 핵심 자산은 모두 2015년 디젤게이트 이후로 좌초자산으로 바뀌게 된다. 이러한 수직 계열화 시스템은 토요타, 현대·기아차 그룹에서도 유사한 형태를 이루고 있으며, 오늘날의 거대한 자동차 왕국을 형성하는 데 일조했었다.

업체마다 다르겠지만, 기존의 대형 업체 중에 앞서 언급한 어려움을 딛고 일어나 전기차 투자에 적극적으로 대응한 업체들은 분명 2023~2025년 사이에는 전기차가 내연 기관 사업의 이익을 능가하게 될 것이다. 또한, 빠르면 2023년이면 테슬라를 시작으로 기존 대형 자동차 메이커의 수익성을 능가하는 업체들이 나타나거나, 기존 대형 메이커 안에서도 전기차의 수익성이 내연 기관차의 수익성을 능가하는 기업이 등장할 것으로 예상된다. 2025년 즈음해서 벌어질 자동차 회사들의 전기차 생산 능력증가에 따른 고정비 하락, 배터리 셀 비용 하락 그리고 추가적으로 팩과 섀시의 통합 등의 제조비 하락은 전기차 시장의 폭발력에 속도를 더할 것이다. 그때에는 보조금이 없는 상태에서도 수익이 발생하고, 결과적으로 이익은 고정비를 커버하며 시장은 기하급수적으로 상승곡선을 보일 가능성이 크다. 몇 가지 수치상 접근은 다음과 같이 할 수 있다.

시장의 예상 상승곡선을 몇 가지 수치상으로 접근해보면 다음과 같다. 현재 전기차를 생산하는 비용 중 가장 민감한 비용은 kWh당 발생하는 배터리팩 비용이다. 쉽게 말하면 1kW만큼의 전력을 공급했을 때 1시간 동안 배터리가 할 수 있는 일의 양을 비용으로 환산한 것이다. 2021년에 통상적으로 생산되는 배터리팩의 비용은 kWh당 120달러 수준으로 향후 3년간 약 20% 정도의 비용이 감소하리라 점쳐진다. 이는 배터리의 효율이 20%가량 증가한다는 말이기도 하며, 기업의 이윤과 직결된 부분이기도 하다.

이쯤에서 배터리와 관련된 비용을 알아보기 위해서 배터리를 구성하는 구조를 알 필요가 있다. 우리가 배터리를 떠올리면 보통 건전지를 생각한다. 이게 바로 셀(Cell)이다. 하지만 대부분의 전자제품은 하나의 셀로는 구동되지 않는다. 용량이 너무 적기 때문이다. 그래서 셀 여러 개를 직렬 혹은 병렬로 연결해서 사용하는데 이를 모듈(Module)이라 부른다. 모듈이 다시 여러 개가 모이면 하나의 배터리팩(Pack)이 되는 것이다.

기존 배터리팩은 모두 이 과정을 거쳐서 만들어졌다. 하지만 최근 등장한 CTP(Cell-to-Pack) 기술은 이런 흐름에서 모듈화를 없애고 배터리 셀을 바로 배터리팩으로 만드는 것이다. 이로써 동일한 크기의 공간에 더 많은 배터리가 들어갈 수 있게 되고, 이는 곧 주행시간의 증가와 효율성 증대로 이어진다. CTC(Cell-to-Chassis) 기술은 테슬라가 발표한 기술로 CTP 기술보다 더 많은 배터리팩을 한 사이즈에 넣고자 하는 기술이다.

이런 기술들을 이용해 배터리를 구성하고 있는 배터리팩, 배터리 시스템 어셈블리 등에 드는 비용을 약 50%가량 하락시킬 수 있다. 이렇게 되면 현재 약 대당 1,700~2,000만 원에 가까운 총 배터리 시스템 비용을 대당 약 700~900만 원 정도로 감소시킬 수 있다. 배터리와 관련된 비용 감소는 기존의 대량 생산업체와 신생 전기차 업체에 모두 해당하는 내용이다. 따라서 신생 전기차 업체는 이 시점만 견뎌내면 일정 수준의 생산량을 갖추게 되고 사실상 비즈니스 모델이 본격적으로 수익을 창출하는 구간에 진입한다. 테슬라도 2020년 3분기를 시작으로 탄소 배출권 판매 매출에서 발생한 이익을 제외한 영업이익률을 약 3~4% 이상 기록하고 있다.

그래도 아직 남은 과제들

그러나 내연 기관 대량 생산에 기반해 사업을 운영하던 기존 업체들은 상황이 다르다. 현재 자동차 회사들이 판매하는 전기차 대부분은 내연 기관 차량 플랫폼에 의존하고 있는 파생형태의 전기차다. 이러한 형태로는 절대로 전기차 생산을 증가시켜 수익성을 확대하는 일이 일어날 수 없다. 먼저 기본적으로 해당 전기차 설계의 바탕이 되는 기존 내연 기관 차종의 판매량은 감소하기 시작할 가능성이 크다. 같은 플랫폼을 공유해서 사용하고 있기에 차량을 생산하는 대당 고정비가 증가할 수밖에 없는 구조이기 때문이다. 해당 메이커는 이를 누구보다 잘 알고 있기 때문에, 결국 내연 기관 플랫폼으로부터 파생된 형태의 전기차는 이산화탄소 배출량 규제 대응을 위한 역할에 그치고, 궁극적으로 메이커의 핵심 캐시카우 역할을 하게 될 수 있는 볼륨 모델로 성장할 가능성은 거의 없는 것이다.

물론 프리미엄 자동차를 만드는 메이커들은 이런 부분에서 지향하는 바가 다를 것이다. 고가 차종은 특성상 고객들이 매우 보수적이기 때문에 충전 등 불편한 인프라를 감내해야 하는 전기차를 이용할 가능성이 작다. 그러므로 장기간 기존의 내연 기관의 플랫폼을 전기차 생산을 병행하는 데 사용할 가능성이 높다. 실제로 BMW의 경우 아직 전기차 전용 플랫폼 개발계획이 없고, 메르세데스 벤츠의 전기차 전용 플랫폼인 'MEA'는 폭스바겐에 비해서 상대적으로 느린 2022년부터 양산할 계획이다.

전기차는 내연 기관 차량과는 태생적으로 다른 차체의 설계가 요구된다. 전기차 전용 구조는 무게의 중심인 배터리팩이 중앙 하단에 위치하게 된다. 이로 인해 일반적으로 앞바퀴와 뒷바퀴 사이의 거리인 휠베이스가 길어지는 등 기존 내연 기관차와는 다른 구조를 띤다. 이에 따라 높은 운동성능을 구현하기 위해서는 자동차의 뼈대인 섀시 전반을 처음부터 다르게 설계할 수밖에 없다.

그러나 내연 기관 차종을 기반으로 설계한 전기차의 경우 간단하게 엔진과 변속기만 걷어낸 형태로, 기존 내연 기관 차의 차체하부가 그대로 유지되는 등 비효율적 구조를 지녀 성능 및 상품성 개선으로 이어지기가 몹시 어려운 형태다. 따라서 대형 자동차 회사들은 본격적으로 전기차 시장 대응을 위해서 전기차만을 위한 전용 플랫폼을 만들기 시작하고 있다. 전기차 전용 플랫폼은 현재 대표적으로 폭스바겐, 현대기아차그룹 정도만 본격적으로 양산을 시작한 상태이며, 그 뒤로 GM, 포드 등의 미국 업체들과 일본 업체들이 따라오고 있는 형국이다.

그렇다면 기존 업체들도 전기차 플랫폼만 개발하면 시장에서 유리한 위치를 차지할 수 있을까? 아쉽게도 그렇게 간단한 이야기는 아니다. 우선 기존 업체들도 전기차 시장에 진심으로 접근하고 있는 것은 안다. 하지만 전기차 판매 계획은 결국 실행 과정에서 여러 가지 애로 사항을 맞닥뜨릴 수밖에 없다. 우선 전기차 조립 특성상 들어가는 부품의 숫자가 내연 기관차보다 30%가량 적다. 이는 결과적으로 엄청난 규모의 구조조정을 진행해야 함을 의미한다. 예를 들어 최근 GM은 2035년에는 전기차만 판매하리란 계획을 밝혔다. GM은 이러한 계획을 달성하기 위해 앞으로 생산직 일자리를 어떻게 조절해 나갈지에 대해서는 언급이 없었다. 언급하지는 않았지만, 쉽사리 진행되는 일이 아니라는 것은 누구나 알 수 있다.

미국에서만 하더라도 자동차 회사들은 엄청난 규모의 생산직을 보유하고 있다. 제조업 분야의 핵심 산업이기 때문이다. 자동차 산업군의 생산직이 국가의 고용지표에 미치는 영향 자체가 너무 크기 때문에 정부 역시 지금까지 내연 기관 기반 자동차 산업에 충격이 될 만한 정책을 제한해왔을 정도다. 미국에서만 GM이 약 8.5만 명, 포드가 약 5.6만 명을 고용하고 있다. 크라이슬러 역시 많은 노동자를 고용하고 있다. 이러한 미국의 '빅3'(GM, 포드, 크라이슬러)는 전미자동차노조에 가입이 되어있어 일방적인 해고 자체가 매우 어렵다.

자동차 기업들이 기존의 노동력을 배터리 셀 제조로 재배치하는 데 있어 이는 사실 리스크로 작용할 가능성이 충분하다. 따라서

전미자동차노동조합(UAW)

정식 명칭은 '미국 자동차 항공우주 농업기계 노동조합'. 하지만 자동차 산업이 차지하는 부분이 큰 탓에 흔히 '자동차 노조'라 부른다. 1935년 미국의 경제 대공황 이후 설립된 노동조합으로 미국에서 2번째로 큰 노동조합이기도 하다. 자동차 산업이 호황이던 1970년대 후반에는 조합원의 숫자가 150만 명을 넘을 정도로 컸다. 최근에는 금융 위기, 파업, 전기차 등의 이유로 인해 흔들거리고 있다.

GM의 경우 GM이 최근 LG에너지솔루션과 추진하고 있는 JV 배터리 공장의 경우 이미 임금이 자동차 회사보다 낮게 책정되어 있다. 즉, 이미 생산직에 고임금을 제공하고 있는 기존 대형 자동차 회사의 자체 배터리 생산은 이미 임금에 있어 사실상 진입장벽이 있는 셈이나 마찬가지다.

이와 같은 문제는 현대기아차에서도 일어나고 있다. 현대차그룹의 경우 이미 전기차 배터리의 최종 시스템 단계라고 할 수 있는 고전압 배터리팩인 BSA(Battery System Assembly)를 계열회사인 현대모비스가 담당하는 중이다. 즉, 구도상 현대기아차의 전기차 생산에 필요한 배터리 셀을 자동차 회사가 생산 후 현대모비스로 보내는 역순환이 구현될 리가 없는 것이다. 배터리 셀을 최종 사용자인 완성차 업체가 만든 후 부품 업체로 보내는 것은 말이 안 된다. 베터리 셀도 엄연히 부품인 만큼 부품 업체가 만들어야 정상이고, 이걸 자동차 회사가 인력 유지만을 위해 만들면 수지타산이 맞지 않는다. 그렇다고 해서 수조 원대 이상의 배터리공장을 다른 계열회사가 갑자기 투자할 자금적 여유는 없다. 따라서 자동차 회사들은 비용 압박에서 점진적으로 벗어나기 위해서는 인력 구조의 불균형을 어떠한 방식으로든 해결해야만 하는 필연적 과제를 안고 있는 셈이다.

그렇다면 내연 기관 업체들은 정말로 배터리를 외부에서 조달해야 할 것인가에 대해서 장기적으로 고민해볼 필요가 있다. 현재의 구도는 테슬라, 폭스바겐그룹, GM이 이미 배터리 내재화 계획을 적극적으로 발표했고, 다른 자동차 회사들은 아직 자체 배터리 셀 생산계획을 발표한 업체는 없다. 이러한 배경의 핵심은 두 가지다. 우선 대부분의 회사들이 전기차 시장에 대한 전망이 보수적이었기 때문이고, 두 번째로는 재무적 부담이 크게 작용한 것이다. 흥미롭게도, 이 두가지 상황에 대해 자동차 업체들은 적극적인 태세로 나서고 있다. 또한 자동차 업체들의 배터리 내재화는 결과적으로 전기차 사업의 펀더멘털을 강화시키는 가운데, 한동안 공급자 우위를 형성했던 대형전지 업체들의 헤게모니를 약화시킬 가능성도 있다.

전기차 1대당 사용하는 전력을 평균 70kWh로 감안했을 때, 연간 500만 대의 전기차를 생산하면 약 350GWh에 해당하는 배터리 용량이 필요하다. 이는 최근 LG화학 등 배터리 업체들이 증설하는 비용을 기준으로 환산했을 때 무려 35조 원에 해당하는 규모다. 재무 효율성을 떠나 초기 부담액의 규모 자체가 메이저 제조 업체라

해도 너무 큰 것이다.

그러나 배터리 양산을 토대로 전기차 시장에서 업계 1위를 목표로 하는 기업의 경우라면 이야기가 다르다. 자체 배터리 셀 양산은 자동차 업체가 한동안 적자를 떠안고 가겠다는 의지를 표현한 것이기도 하다. 근간에는 향후 3~5년간은 프리미엄 브랜드를 비롯한 기존의 내연 기관 자동차 라인업에서 발생하는 현금흐름을 바탕으로 투자 재원을 어느 정도 마련할 수 있을 거라는 가정이 깔려 있다. 실제로 자동차 산업은 현재 반도체 공급 이슈 같은 공급 차원에서 발생하는 이런저런 이슈를 겪고는 있지만 2020년 하반기부터 이미 과거 시장이 호황이었을 시기와 비슷한 수준의 이익을 보이는 상황이다. 따라서 폭스바겐그룹 같은 글로벌 자동차 기업들은 향후 몇 년간 배터리 투자로 인한 재무 건전성 관련 문제가 발생하지 않을 것이다.

최근 폭스바겐의 '파워데이'에서 발표한 대로라면 대대적인 배터리 셀 공장 투자가 본격화되는 시점은 2023년으로 보이며 이때는 이미 전기차 판매를 통해 내연 기관 수준의 이익을 낼 수 있는 것으로 계획이 되어 있다. 이것은 내부적으로 공급하는 배터리 사업 자체가 흑자로 돌아선 것을 뜻하며, 반대로 외부에서 조달해온 배터리보다 더욱 싼 값에 배터리를 공급받아 오는 것을 의미한다.

그렇다면 과연 배터리 업체들은 이러한 구조 속에서 수익성을 확보할 수 있을까? 배터리 회사들은 대부분 전기차 전용 대형 전지 사업 자체가 메인 사업이기 때문에, 이익이 2021년에는 가시권 안에 들어와 있어야 한다. 자동차 업체들과 다르게 캐시카우 비즈니스 자체가 없기 때문이다. 특히 유럽, 중국 등지에서 정부 주도하에 셀 전문 업체들이 생겨나는 중이고, 완성차의 가격압박이 시작되는 가운데, 최근까지의 대규모 투자가 수익성으로 이어지지 않으면 추가적인 자금 조달 자체가 불투명해질 수 있다.

다시 전통의 자동차 기업의 이야기로 돌아오면, 결론적으로 시장에서 1위가 되기 위해서는 배터리 생산 라인의 내재화는 필수라고 본다. 하지만 그 정도의 목표가 아니라면 배터리 자체를 다른 기업으로부터 구매하는 방법도 진지하게 고민해볼 필요가 있다. 배터리 내재화는 이런 다양한 의미를 함포하고 있기에 투자자들은 자동차 기업들이 발표하는 배터리 계획을 쉽게 생각하지 말고 유의 깊게 지켜봐야 한다.

모빌리티 혁명
최후의 승자는

모빌리티 시장의 도전자들

자동차 판매로만 구성되어 있던 기존의 시장은 앞으로 '모빌리티'라는 좀 더 넓은 범위의 시장으로 재구성될 것이다. 모빌리티는 단순히 기존의 자동차산업뿐만 아니라 승차 공유, 전기차, 로보택시, UAM, E-Commerce 등을 포함하는 시장으로 총 시장 규모는 전과 비교할 수 없이 늘어날 것이다.

특정 산업이 기술적 한계를 돌파하며 새로운 시장이 형성되는 현상은 모든 산업의 발전 과정에서 벌어지는 일이다. 특히 이러한 현상은 디지털 환경이 고도화되면서 더 많은 분야에서 일어나고 있다. 지난 10년간 세계를 놀라게 했던 스마트폰 시장만 봐도 알 수 있는 사실이다. 글로벌 시장조사 기관인 'IBISWorld'에 따르면, 자동차 시장에서 가장 많은 부분을 차지하던 신차 판매 시장은 2020년 기준 연간 약 3,000조 원 수준이다. 지금도 손꼽히는 거대 산업이지만 향후 시장의 영역이 늘어나면 시장 규모는 상상도 할 수 없는 규모로 커질 것이다. 특히 테슬라, 우버와 같이 강력한 신규 진입자들과 기존의 기득권자인 대형 완성차 업체들이 치열한 경쟁을 벌이고 있는 지금은 승자를 점치기 어려운 혼란스러운 시기다. 이미 많은 완성차 업체들은 시장 규모를 확대하기 위해 소프트웨어 및 종합 모빌리티 회사로의 전환을 시도하고 있다.

향후 모빌리티 시장의 총 시장 규모는 다음과 같이 나눠서 접근해 볼 수 있다. 2030년의 예상 시장 규모는 자동차 판매 약 3,000조 원, 승차 공유 약 3,000조 원, 로보택시 시장 약 1,500조 원, UAM 320조 원으로, 이는 글로벌 기관들 사이에 일반적으로 인정받는 중인 수치이다. 이중 자동차 시장에서 전기차 부문만 따로 구분하면 약 1,248조 원가량의 시장으로, 내연 기관 차량 시장을 제외하고 전기차 승차 공유, 로보택시, UAM을 합친 규모는 약 3,780조 원 정도로 예상된다. 즉 미래 모빌리티 시장은 기존의 자동차산업까지 모두 포함하면 약 6,000~7,000조 원 수준으로 봐야 한다. 여기서 로보택시와 UAM의 경우 2030년에도 상용화 초기 단계일 것으로 예상하기 때문에 전체 시장의 규모 자체는 그 이후에도 더 폭발적으로 증가할 수 있다.

이런 이유로 계속 강조했다시피 기존의 대형 자동차 회사들은 대부분 종합 모빌리티 회사로의 전환을 꿈꾼다. 6,000조 원이 넘으리라 예상되는 시장을 놓치고 싶은 기업은 없을 것이다. 자동차 업체들의 경우 전기차 생산 능력 확대와 자율주행 소프트웨어 기술확보 부문에서 가장 많이 투자하고 있는 것으로 나타나는데, 그중 가장 앞서 있는 업체는 폭스바겐, GM, 토요타, 현대차그룹 등이 있고, 프리미엄 자동차를 주로 취급하는 업체인 다임러와 BMW는 앞서 언급한 네 회사보단 조금 늦었다는 평가를 받고 있지만, 여전히 잠재적으로 매우 위협적인 존재가 될 수 있다고 여겨진다. 특히 전기차 생산은 자동차 회사들이 모빌리티 시대에 생존하기 위한 최우선 과제로 여겨지는 항목이다. 앞으로 자동차 업체들의 기업가치는 중단기적으로는 전기차 판매량 증가에 가장 크게 연동될 가능성이 크고, 이후 2023년부터는 자율주행차 사업의 성공 여부에 따라 시장의 판도가 재구성될 것이다. 따라서 모빌리티 산업의 큰 흐름에 대한 이해를 위해서는 글로벌 주요 자동차 업체들의 전기차, 자율주행 소프트웨어 투자와 관련된 최근 행보 그리고 향후 예상 경로에 대해 좀 더 깊게 들여다볼 필요가 있다.

◆ 모빌리티 산업 규모 추정치:
 2030년 3,500조 원 초과 달성 기대

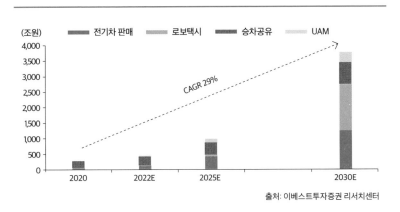

출처: 이베스트투자증권 리서치센터

현대차그룹: 100조 원을 베팅하다

현대차그룹은 2019년 12월 'CEO Investor Day'를 통해 '스마트 모빌리티 디바이스'라는 다소 생소한 용어를 주주들에게 소개했다. 지금까지의 제조업 중심 기조에서 벗어나 통합 모빌리티 플랫폼을 개발하여 차량과 관련된 서비스 외에도 궁극적으로 쇼핑, 배송, 스트리밍 등의 시장까지 진출한다는 전략이다.

한편 기존의 제조업 기반 비즈니스는 전기차와 수소차, UAM, 로봇을 기반으로 최대한 늘리겠다고 언급했는데, 사업부별로는 자동차 비중을 향후 50%, UAM 30%, 로봇 20%로 가져간다고 발표했다. 이를 위해 2025년까지 그룹사 전체에서 약 100조 원에 달하는 금액을 투자할 계획이다. 두 가지 큰 골자인 스마트 모빌리티 디바이스, 전동화로 대표되는 현대차그룹의 전략은 현대차와 기아차 외에도 현대모비스, 현대글로비스, 현대위아, 현대트랜시스, 현대오토에버 등 주요 계열사를 포함한 그룹 전체의 숙원 사업이다.

두 가지 큰 전략을 살펴보자. 먼저 전동화 전략은 순수 전기차 판매를 전기차 전용 플랫폼인 E-GMP을 활용해서 세계 3위권 수준을 계속해서 유지하는 일에 초점이 맞춰져 있다. 2025년 기준 그룹의 전기차 판매량은 110만 대 이상일 것으로 발표했으며, 2023년에는 전기차에서 발생하는 손익이 내연 기관 차량의 손익에 도달하는 것을 목표로 하고 있다.

현대차그룹의 장점은 자동차 회사를 주축으로 다양한 계열사들이 전기차와 관련된 부품의 수직 계열화가 잘 이루어져 있다는 점이다. 이는 내연 기관차 공정을 수직 계열화했을 때처럼, 전기차 판매를 늘리는 데 있어서 큰 이점으로 작용한다. 계열사인 현대모비스의 경우 E-GMP(Electric Global Modular Platform)에서 사용하는 부품 중 고전압 배터리팩인 BSA, 동력장치 부품인 PEM(Power Electronics Module)의 생산을 담당하는데, 전기차 제작에 있어 가장 중요한 부품인 배터리와 모터를 모두 생산하는 셈이다. 현대위아의 경우, 2021년 1월 발표한 열관리 시스템을 시작으로 현대차그룹의 E-GMP 사업에 본격적으로 참여하기 시작했다. 그동안 내연 기관 파워트레인에만 집중되어 있던 역량이 그룹사의 주요 과제인 전기차의 핵심 부품으로 점차 넓혀가고 있다. 한편 현대오토에버의 경우, 지난 2020년 12월에 현대오트론의 차량용 소프트웨어 사업과 현대엠앤소프트를 인수하면서 자율주행 소프트웨어를 개발하는 기업으로 본격적으로 탈바꿈하고 있다. 합병 법인은 궁극적으로 지도-소프트웨어에 개발과 그룹사의 자율주행 소프트웨어를 개발하는 업체다.

또한, 현대차그룹의 계열사인 기아차가 공식적으로 PBV(Purpose Built Vehicle, 목적 기반 차량제조) 사업을 발표했다. 2030년까지 연간 100만 대 규모의 전기차 PBV 사업을 벌일 예정이라 한다. 여기에는 전자상거래나 '라스트 마일 딜리버리'에 사용되는 마이크로 모빌리티부터 우버나 리프트처럼 호출 전용 차량을 공급하는 것까지도 포함된다. 이 말은 곧 2030년이 되면 기아차 자체의 브랜드에서 생산하는 전기차 90만 대 외에도 PBV용 전기차 100만 대가 추가로 기아차에서 생산한다는 것이다.

이렇게 다양한 분야에 걸쳐 전기차를 개발하고 생산할 계획을 세우는 가운데 현대차그룹은 그보다 더 먼 미래도 대비하고 있다. 현대차그룹은 미국의 자동차 부품회사인 앱티브(Aptiv)와 지난 2019년 자율주행 전문 업체를 설립했다. 각각 5:5로 지분 투자가 이루진 이 업체는 지정된 조건에서 운전자가 없이도 운전 가능한 '레벨 4' 이상의 자율주행 기술을 확보하기 위해 세워졌다. 2020년 이 합작회사의 이름을 모셔널로 짓고, 2022년부터는 글로벌 지역에서 자율로 주행하는 로보택시 서비스를 선보일 예정이라 발표했다.

토요타: 자율주행 도시를 설립하다

토요타는 모빌리티 혁신을 가장 먼저 도입한 기업이다. 2016년 토요타는 기존의 자동차 회사 중에서 최초로 'MSPF'라는 모빌리티 서비스 플랫폼을 제시했다. 토요타는 이 플랫폼을 기반으로 승차 공유, 렌터카 서비스, 보험 등 다양한 서비스와 모빌리티를 연결해서 고객들에게 제공하고 있다. 또 이를 기반으로 혁신적인 무선 업데이트 기술 OTA(Over The Air), 자동차와 무선통신을 결합한 무선인터넷 서비스인 텔레매틱스(Telematics) 등의 기능을 탑재한 MaaS(Mobility as a Service: 서비스형 미디어) 차량도 개발하겠다는 계획이다.

토요타는 이러한 차량을 'e-Palette'로 이름 지은 차량의 형태로 개발 중이다. 기본적으로 자율주행 운영 시스템인 AMMS(Autonomous Mobility Management System)을 기반으로, 로보택시 서비스 형태인 e-TAP(e-Palette Task Assignment Platform)을 구현하는 것에 그 목적이 있다.

토요타는 2018년 최초로 자율주행 박스카 e-Palette를 국제전자제품박람회 CES에서 선보이며 세상을 놀라게 한 바 있다. 2020년에는 더 나아가 자율주행차로 다닐 수 있는 스마트시티인 토요타 우븐시티(Toyota Woven City) 건설 계획을 발표했다.

빈틈없이 촘촘히 짜인 도시라는 의미의 우븐시티는 다른 기업과는 차별화된 토요타만의 프로젝트다. 자율주행의 보편화를 위한 전후방 산업에 대한 토요타 그룹의 관심을 알 수 있는 부분이다. 토요타는 지난 2018년 계열회사인 덴소(Denso)와 아이신(Aisin)과 합자 형식을 통해 새로운 연구조직 'TRI-AD'를 설립했다. 그룹사의 소프트웨어 역량을 강화하기 위해 별도의 연구조직을 개설한 셈이다. 토요타는 이 조직을 다시 통째로 우븐 플래닛 홀딩스(Woven Planet Holdings)라는 회사로 변환시킨다. 이 회사가 연구를 진행하는 스마트시티가 바로 CES 2020에서 밝힌 토요타 우븐시티다. 현재는 거주하는 인구 500명에 불과하나, 장차 연구 조직의 직원까지 거주하면 2,000명 이상까지 늘어나는 것으로 계획된 이 도시는 하나의 살아 있는 연구소로도 볼 수 있다. 우븐 플래닛 홀딩스는 한편 크게 두 가지 회사로 나뉘어 있지만, 목적은 결국 완전자율주행 시스템의 개발이다. 자회사인 우븐 코어(Woven Core)는 자율주행에 필요한 기술개발을 담당하고, 우븐 알파(Woven Alpha)는 소프트웨어 플랫폼, 지도 등을 개발한다. 즉 하나의 도시가 오로지 자율주행 개발을 위해 탄생한 셈이다. 특히 우븐 알파(Woven Alpha)에서 개발되고 있는 플랫폼 '아렌(Arene)'은 현재 전 세계 몇 안 되는 자체 운영체제 시스템이기도 하다.

폭스바겐그룹: 모든 것을 자체적으로

폭스바겐그룹은 기존 자동차 기업 중에 가장 파괴적인 혁신을 추구하는 회사다. 이들은 특히 디젤게이트의 장본인이었기 때문에 전동화로의 변화를 가장 빠르게 대처하고, 누구보다 열렬히 원하고 있다. 폭스바겐그룹은 연간 1,000만 대 정도의 자동차를 생산하는 세계에서 가장 큰 자동차 회사 중 하나로, 이들의 투자 방향 자체가 자동차산업의 이정표로 작용할 수 있다. 폭스바겐그룹은 2025년까지 약 300만 대, 2030년까지는 약 600만 대에 달하는 순수 전기차 판매를 공식적으로 발표한 상황이다. 이 수치를 기반으로 점쳐보면 잠재적으로 테슬라와 비등하거나 앞서고자 하는 전략을 세운 셈이다.

이러한 가운데 2019년 폭스바겐그룹은 전기차 생산에 있어서 가장 중요한 부품 중 하나인 배터리 셀 생산을 수직 계열화하겠다는 계획을 밝혔다. 당시 폭스바겐그룹은 LG화학의 폴란드 공장에서 아우디 'E-tron'에 탑재되는 배터리를 공급받기로 예정되어 있었으나 폴란드 공장의 수율이 예정된 수치에 올라오지 못하면서 전기차 양산 계획이 지연되었다. 이 사건은 폭스바겐그룹에 있어 향후 배터리를 조달하는 방식에 큰 영향을 미치게 되었다. 향후 폭스바겐그룹이 계획한 순수 전기차 판매에 있어 핵심 부품인 배터리를 외부에서 공급받는 기존의 체계가 불확실성이 크다는 목소리가 내부에서부터 나오기 시작했다. 이에 폭스바겐그룹은 부품들의 개발과 공급을 내재화하겠다는 생각을 먹은 것이다.

한편 폭스바겐그룹은 2020년 11월, 신규 투자 계획을 발표에서 한 가지 특이 사항을 언급한다. 향후 5년간 730억 유로에 달하는 미래 기술 투자 내용 중 소프트웨어 투자 금액이 기존 계획보다 두 배 증가한 270억 유로로 산정된 것이다. 동시에 그룹 CEO인 헤르베르트 디스(Herbert Diess)는 2023년 즈음에는 현재의 테슬라와 유사한 정도의 소프트웨어를 제공할 계획임을 밝혔다. 이는 사실상 테슬라보다 최소 3년 정도는 소프트웨어 분야에서 뒤처져 있음을 시인한 셈이나 마찬가지지만, 한편으로는 역시 그에 해당하는 공격적인 투자를 계획 중임을 밝힌 것이다.

지난 1년간 단숨에 전기차 산업의 리더격으로 떠오른 테슬라와 유사한 행보를 가는 업체는 현재 폭스바겐그룹이 유일하다. 특히 가장 진입장벽이 높고, 일반적으로 외부에 의존하는 성격이 강한 배터리 생산의 내재화와 소프트웨어 통합에 있어서 가장 적극적인 편이다. 전통적으로 핵심 부품을 외부에 의존해 왔던 자동차 업체들 입장에서 이러한 현상은 위협 요인이자 기회 요인이기도 하다. 폭스바겐그룹은 기존의 자동차 진영에서는 이미 선두주자격이기 때문에 향후 폭스바겐의 행보는 분명 모빌리티 산업의 이정표로 작용할 것이다.

그만큼 폭스바겐그룹이 모빌리티 산업에 진심이라는 의미로 해석도 가능하다. 세계에서 손가락에 꼽히는 자동차 회사인 만큼 향후 폭스바겐의 움직임을 투자자들에게 유의미한 지표가 될 수 있으므로, 항상 이목을 집중해야 한다.

MOBILITY

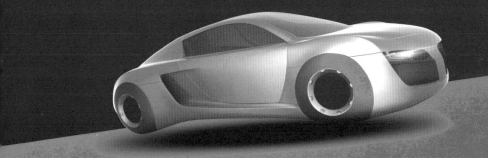

2장

자율주행으로
바뀌는 세상

근본부터 바뀌는
비즈니스 모델

수천조 원 규모의 시장

2016년부터 전 세계 대규모 자본이 향하던 분야에서 가장 흥미로운 진화 중 하나가 바로 자율주행 기술이다. 자율주행차는 전기차와 더불어 미래 모빌리티 시장의 중심이며, 소프트웨어 경쟁력이 핵심이다. 경쟁력 있는 전기차의 생태계 확보와는 별개로, 미래에는 자율주행의 상용화 여부에 따라 기업의 가치는 천차만별로 오르내릴 수 있다.

이런 상황에 대응하기 위해 기존 자동차 회사들은 앞다퉈 자율주행차 개발을 착수하고 있다. 일례로 GM은 내연 기관을 만들던 기업 중 처음으로 실리콘 밸리의 자율주행 스타트업인 크루즈(Cruise)를 인수했고, 우버는 카네기멜런 대학교의 로보틱스 부서 인원을 통째로 영입해 ATG(Advanced Technology Group)라는 기술개발 사업부를 설립 후 피츠버그, 샌프란시스코 등지에서 자율주행 기술을 테스트하고 있다. 이 두 기업에 구글의 지주사인 알파벳의 계열사이자, 자율주행 기술에 있어 선두 주자인 웨이모(Waymo)까지 해서 3대 자율주행 업체라 부를 수 있는데, 이 세 기업의 공통점은 모두 미국에 기반을 두었다는 것이다.

지금은 각국이 활발히 자율주행 기술을 개발 중이다 보니 예전보다 많은 업체가 생겼고, 그중 중국의 경우는 앞서 말한 세 기업보다 앞서나가는 형국이기도 하다. 불과 3년 전까지만 하더라도 생산 지옥에서 벗어나지 못했던 테슬라도 지금은 다른 업체들과는 다른 방식인 '뉴럴 네트워크 트레이닝(Neural Network

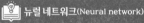

뉴럴 네트워크(Neural network)

인간의 뇌 기능을 모방한 네트워크를 말한다. 무언가를 보고, 인식하고, 행동을 취한다는 인간의 기본 행동 양식과 사고 방식을 컴퓨터에 학습시키는 것을 말한다. 일반적으로 실제 주행 환경에서 생기는 변수를 일일이 프로그래밍하는 것은 거의 불가능하다. 하지만 뉴럴 네트워크를 통해 자율주행에 사용되는 인공지능을 학습시킨다면 이야기는 달라진다. 사람의 주행 방식을 관찰해 인공지능은 주행 방식을 학습하고 이를 차량 제어에 활용하는 방식이다. 현재 엔비디아, 테슬라를 비롯한 몇몇 기업들이 이 방식을 도입 중이다.

Training)' 방식을 활용해서 점점 완전자율주행 기술을 고도화시키고 있다.

그래도 현재 상업화에 가장 가깝다고 평가받는 업체는 웨이모다. 웨이모는 2020년 말부터 미국의 피닉스시에서 완전자율주행 택시 사업을 실제로 시작했고, 2021년에는 대도시인 샌프란시스코에서도 로보택시 테스트를 개시할 예정이다.

이런 와중에 미국의 애리조나주와 캘리포니아주에서는 각각 자율주행에 관련된 법안을 통과시켰다. 애리조나주에서 통과된 법안은 자율주행차가 사고가 났을 때의 결정 과정을 다루고 있고, 캘리포니아주의 법안은 2025년까지 모든 자율주행차는 배기가스를 배출하지 않는 차, 즉 전기차로 운행되어야 한다고 명시하고 있다. 자율주행 산업은 이미 관련 법안을 제정하는 법제화 단계에 들어간 것이다.

한편 자율주행 기술의 도입이 가장 빠른 나라인 중국에서는 바이두와 스타트업 오토엑스(Auto X)가 여러 도시에서 자율주행 테스트를 본격적으로 진행하고 있는 모습이 포착되고 있다. 중국에 뿌리를 둔 두 기업의 주행 테스트는 모두 운전자가 더 이상 탑승하지 않는 단계이다.

현재 상황으로 봤을 때 이미 산업 자체가 자율주행 로보택시의 상업화에 매우 근접해 있음을 알 수 있다. 이로 인해 형성될 자율주행차 시장의 규모에 대해 간단하게라도 수치를 활용해 점검해 볼 필요가 있다. 실제 자율주행 산업에서 발생하는 매출 구성은 매우 복잡할 것이며, 업체별로 자율주행 기술을 확보하는 정도에 따라 천차만별로 다른 가격으로 서비스할 수밖에 없기에 다음의 계산 과정은 단순히 참고 정도만 하면 좋을 듯하다.

자율주행차에 관한 시장 규모에 접근할 때는 운행하는 차량의 대수와 한 대당 연간 운행하는 주행 거리에 근거해서 산출한다. 먼저 운행하는 차량의 대수는 2030년 기준으로 약 1,000만 대 수준으로 예상하는데, 자동차 제조사의 역량에 따라 변수의 범위 자체가 엄청나게 넓어진다. 그러나 웨이모에 이어 GM, 현대차, 폭스바겐 같은 자율주행 기술에서 앞서나가고 있는 업체들의 생산 능력과 그동안 경영진이 언급해왔던 일정 그리고 현재 최상위권 자동차 업체들이 추구하고 있는 상업화 계획 등을 생각하면 약 2027년부터는 자율주행 소프트웨어 양산이 비약적으로 늘어날 것으로 보인다.

이번에는 비용의 측면에서 보면, 일반적으로 운전자 비용이 운행 비용에서 70% 가깝게 발생하긴 하지만, 완전 자율주행이 보편화된다 하더라도 무조건 운행 비용이 기존의 20~30% 수준으로 감소한다고 가정할 필요는 없다. 운영 회사는 분명 프리미엄 서비스 또는 승객 공유 등을 통해 거리당 운행 비용을 극한으로 내리지 않을 것이기 때문이다. 그래도 현재 우버 등이 시행 중인 서비스는 평균적으로 1마일당 2달러에 육박하고 있지만, 향후 가격 경쟁에 들어가면 1마일당 1달러 수준까지는 내려간다고 봐야 한다. 어쨌든 이렇게 운행하는 차량의 대수와 비용 두 가지 대표 변수를 고려해 대략적인 시장 규모를 계산해보면 약 2조 5,000억 달러 규모가 될 것으로 추정한다.

물론 변수는 분명 존재한다. 만약 테슬라와 같이 외부 하드웨어를 바꾸지 않은 채 OTA 방식으로 완전자율주행 소프트웨어를 업그레이드하는 것이 가능한 경우가 발생하면 위의 추정치에 큰 변화가 발생할 수 있다. 이 경우에는 2030년을 기준으로 운영되는 차량의 대수를 3,000만 대 수준으로 가정할 수 있으며, 이를 수치상으로 환산하면 12조 달러 규모다.

승자는 아직 정해지지 않았다

정말 엄청난 시장으로 성장하리란 기대 가운데 이쯤 되면 누구나 한 번쯤 이런 의문이 들 수 있다. '이 거대한 로보택시 시장에 진입할 것으로 지목되는 참여자 중 시장을 장악할 기업으로 가장 높은 가능성을 보이는 기업은 어디일까?' 물론 아직은 뚜렷하게 압도적으로 경쟁에서 우위를 보이는 업체는 꼽기 힘들다. 지금까지 공개된 시장은 너무나도 초기 단계이기 때문이다. 다만 지금 상황에서 몇몇 후보를 뽑는 것 정도는 가능하다.

현재 자율주행 시장에 진입하려는 업체들은 크게 세 가지 형태의 자율주행 기술을 상용화하려고 움직이고 있다. 첫 번째는 먼저 테슬라가 사용하는 카메라에 기반하는 방식이 있고, 웨이모를 비롯한 대다수 대형 자동차 회사들이 지향하는 '라이다(Lidar) 센서'와 고정밀지도 방식이 있으며, 마지막으로 바이두나 오토엑스 같은 중국업체들이 지향하고 있는 'V2X'를 이용한 방식이 있다. 아직 어느 업체도 본격적으로 자율주행사업을 상업화한 상태는 아니지만, 현재

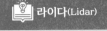

라이다(Lidar)

레이저 펄스를 발사하여 그 빛이 대상 물체에 반사되어 돌아오는 것을 받아 물체까지 거리를 측정하고 형상을 이미지로 변환하는 기술을 말한다. 원리는 기존의 레이다(radar)와 동일하지만 사용하는 전자기파 파장이 달라 실제 적용 분야는 큰 차이가 있다. 라이다는 대상 물체와의 거리, 속도, 운동 방향 등 다양한 정보를 측정할 수 있다. 특히 자율주행 분야에서 많이 사용되는 기술로, 차량을 제어하기 위해 필요한 3차원 영상을 구현하는 데 사용된다. 현재 웨이모를 비롯해 많은 대형 자동차 회사들이 지향하는 기술이기도 하다.

거론되고 있는 업체들의 근황을 살펴보고 각 업체의 경쟁력을 살펴 볼 필요는 있다.

이 중 중국 업체들이 사용하고 있는 V2X(Vehicle to Everything)라는 전략은 도로 등 인프라에 차량과 교신할 수 있는 통신 시스템을 구축해 자율주행차를 운행하는 방법으로 가장 정부의 개입이 크고, 상대적으로 확장에 드는 비용의 부담이 크지만, 기술적으로 후발주자인 중국에서는 이를 통해 초기 상업화를 가속시키려 하고 있다. 이 외에 민간 업체 간의 기술적 경쟁은 카메라 같은 비전-AI를 기반으로 한 방식과 정밀한 지도와 라이다 센서를 결합한 방식이 주를 이루고 있다.

먼저 테슬라의 방식을 살펴보면, 대중들에게는 전기차를 생산하는 업체로만 알려져 있으나 실은 테슬라의 진짜 가치는 자율주행 시스템에 있다. 전기차는 어떻게 보면, 미래의 로보택시를 운행하기 위해 거쳐 가는 수단이라는 느낌도 든다. 내연 기관차의 운영이 더 이상 허용되지 않는 상황에서 전기차 생산은 결국 모빌리티 시장에서 살아남기 위한 필수 요소가 될 것이기 때문이다.

특히 완전자율주행이 가능한 로보택시가 연간 10만km 이상의 주행거리를 소화하기 위해서는 배터리 기술의 확보는 사실상 필수다. 이를 위해 테슬라는 '모델 S'가 처음 출시되었을 때부터 오토파일럿(Autopilot)이라고 부르는 반자율주행 기능을 추가시키고, 핵심 기능들을 끊임없이 업데이트시켜 왔다. 테슬라는 이 기능들을 초창기에 'HW 1'이라고 불러왔는데, 2019년에 이르러서는 'HW3' 버전까지 개선되었다. 테슬라는 실제 판매용으로는 FSD(Full Self Driving)의 이름으로 부르고 실제로 2019년 4월부터는 판매를 시작한다. 물론 FSD는 이름이 의미하는 바와는 다르게 완전자율주행 기능이 아닌 SAE에서 정의하고 있는 운전자를 도와주는 레벨 2에 불과하다.

아직까지는 경쟁 자동차 업체들이 제공하는 자율주행 옵션과 이론적으로는 유사한 것이다. 그러나 테슬라는 기존 메이커들이 사용하는 방식과는 완전히 다른 형태로 기술을 개발하고 있는데, 주행 시에 얻어진 데이터를 기반으로 자율주행 컴퓨터를 훈련시키는 방식이다. 이러한 방식을 활용해서 FSD를 레벨 4 이상의 자율주행 구동이 가능한 시스템으로 만드는 것이 테슬라의 최종 목적이다.

지난 2019년 테슬라는 '테슬라 오토노미 데이(Autonomy day)' 행사에서 이러한 방식을 활용해서 현재의 자율주행 기술을 로보택시에 적용 가능한 수준으로 끌어올리겠다고 발표했다. 결국, FSD는 자율주행 전용 차량을 설계하는 것이 아니라 현재의 차량에서 소프트웨어만 업그레이드하는 형태임을 발표한 것이다. 이 부분이 카메라를 기반으로 개발 중인 테슬라의 자율주행 시스템의 핵심이다.

자율주행차만을 위해 처음부터 따로 차량을 설계하는 일반적인 방식과는 비교할 수 없을 만큼 효율적인 방식이다. 테슬라는 이러한 소프트웨어의 발전을 감안해서 차량제작 초기부터 무선으로 차량의 펌웨어를 업데이트하는 FOTA(Firmware OTA) 시스템을 차량에 장착해왔다. 시작부터 접근방식 자체가 기존 자동차 회사들과 완전히 다른 셈이다.

FOTA를 통해 테슬라는 차량제어가 가능해졌는데, 이것이 의미하는 바는 소비자가 테슬라의 오토파일럿 기능을 항상 최신 버전으로 사용할 수 있다는 것이다. 이는 현대차와 폭스바겐그룹 역시 공격적으로 투자하는 분야이지만, 여전히 내비게이션 소프트웨어를 업그레이드하는 정도에 그치고 있어 테슬라에서 제공하는 서비스와는 아직 큰 격차가 존재한다. 테슬라는 오래전부터 뉴럴 네트워크 트레이닝 시스템을 활용해서 AI를 교육하는 방식을 자율주행을 구현하는 키워드로 고려하고 있던 것으로 보인다. 이는 2019년 테슬라가 AI 업체 딥스케일(DeepScale)을 인수한 것만 봐도 드러난다. 딥스케일은 이미 뉴럴 네트워크 분야에서 구글의 뉴럴 네크워크 모델인 'MobilenetV3'를 능가하는 것으로 알려져 있었고, 테슬라에 인수된 해인 2019년에는 이미 카버(Carver)라는 이름의 자동차 전용 인지 소프트웨어를 양산하고 있었다.

한편 알파벳의 자회사 웨이모나 GM의 계열사 크루즈 등의 업체들이 접근하는 방식은 테슬라와는 완전히 다르다. 기본적으로 이들은 자동차를 양산하는 기업이 아니므로 테슬라와 지향하는 바가 다를 수밖에 없다. 애초에 테슬라의 방식은 자신들이 차량을 직접 판매하거나 타사의 자동차에서 정보를 얻지 않는 한 시행하기 어렵다.

앞서 언급한 웨이모나 크루즈 같은 기업들은 자율주행을 위한 센서로 라이다 센서를 사용하는데, 라이다 센서는 말 그대로 빛을 발사해 주변의 지형을 3D로 구현하고, 차량의 위치를 특정 지으면서 움직이는 구조를 차용한다. 이론상 이와 같은 방식을 통해서 거의 완벽한 자율주행이 가능하지만, 몇 가지 걸림돌이 존재한다. 우선 3D로 구현하는 HD 맵의 업데이트 부분이다. 이 방식을 활용하면 이동을 위해 차량의 위치를 계속해서 특정 지어야 한다. 하지만 만약 위치를 특정하는 데 필요한 지도가 주기적으로 업데이트되지 않는다면 어떻게 될까? 아마도 결국 자율주행 로보택시 서비스가 가능한 지역이 매우 제한적인 영역에 그치거나, 지도에 의존해야 하는 불완전한 형태의 자율주행이 될 가능성이 높다.

어떤 사람들은 단순히 지도를 만드는 맵핑 작업이 뭐 그리 어렵냐고 물을 수도 있지만, 맵핑 작업은 자율주행에 있어 가장 까다로운 작업이다. 지형의 형태 자체가 계속해서 바뀌기 때문에 자율주행 업체는 이를 꾸준히 업데이트해야만 하는 문제까지 있다. 물론 실시간으로 전 세계의 모든 지역을 지도화하는 것이 가능한 업체가 있다면 가장 완벽한 자율주행차가 탄생할 수 있겠지만, 이는 사실상 불가능에 가깝다. 지도제작은 국가와 지역 특성상 불가능한 지역도 존재하고, 할 수 있더라도 이는 민간업체가 단독으로 진행할 수 있는 일이 아니다. 웨이모가 실제 로보택시 서비스를 론칭했음에도 불구하고 알파벳의 주가에 아무런 변화가 없는 데는 이러한 이유가 가장 크다. 사업이 확장하리란 확신이 부족한 것이다.

그래서 현재 웨이모와 크루즈 같은 기업에 있어 자신들이 테스트하고 있는 지역의 지도를 자체적으로 제작하는 것은 가장 시간이 많이 소요되는 작업 중 하나다. 하지만 자신들의 타 소프트웨어와의 호환을 위해서라도 반드시 거쳐야 하는 작업이기도 하다. 이것마저도 물론 엄청난 자본투자가 필요하며, 대형자동차 업체가 거의 시도조차 못 하고 있다고 보는 것이 맞다. 글로벌 자동차 업체 중에서는 BMW, 다임러, 아우디 등 3사가 유럽 최대 자율주행 지도업체인 히어(Here)를 공동 소유하고 있으며, 현대차그룹도 지도 전문 업체인 현대엠엔소프트를 현대오토에버에 인수 합병시키며 지도를 제작하는 역할을 맡기리라 점쳐지는 상황이다.

다시 라이더 센서를 활용하는 자율주행 스타트업 업체들의 이야기로 돌아가면, 그들의 결정적인 단점은 상업화 단계로 넘어갔을 때 실제로 이익 창출이 가능한 구간까지의 도달 여부이다. 웨이모나 크루즈같이 거대 자본을 바탕으로 오랜 시간 축적해온 데이터를 보유해온 업체들은 향후 수년간 큰 폭의 적자에도 버티는 데 별문제가 없겠지만, 어지간한 규모의 스타트업들은 사실 양산까지 도달하는 데 재무적 부담이 너무나도 크다. 따라서 중간 단계에서 추가적인 펀딩이 이뤄지지 않으면 기술 개발이 중간에 중단되거나, 아니면 다른 기업에 인수되는 경우가 실제로 많다. 2020년에는 특히 코로나19로 인해 자율주행 테스트 자체가 불투명해졌었는데, 이때 촉망받던 자율주행 스타트업인 죽스(Zoox)도 겨우 12억 달러 수준에 아마존에 매각된 바 있다. 따라서 최근에는 현대차, Ford, 폭스바겐 등 압도적인 자본력으로 무장한 기존 대형 완성차들이 직접 레벨 4~5 자율주행 기술을 확보하기 위해 이 시장에 직접 뛰어들고 있는 형국이다.

이와 대조적으로 테슬라는 라이다 센서나 HD 지도를 사용하지 않고, 오로지 머신 러닝을 통해서 인공 지능 능력을 발달시키는 방식이기 때문에 지도제작을 위한 추가 비용이 거의 발생하지 않는다. 바꿔 말하면 기술 개발이 완료될 시점에서 라이다 방식을 채택한 업체들이 도시별로 진출하는 계획을 짜고 있을 때, 테슬라는 이미 그 도시로 사업을 확장했을 가능성이 크다는 것이기도 하다. 테슬라는 판매된 차량에 완전자율주행에 필요한 소프트웨어만 업데이트하면 되기 때문에 자율주행 사업의 확장 속도에서 큰 차이가 발생할 수 있다.

테슬라의 CEO 일론 머스크는 한편 '도조(Dojo)'라는 프로젝트를 테슬라 오토노미 데이 때부터 언급해왔다. 도조 프로젝트는 테슬라는 자사의 차량에서 얻은 비디오 데이터를 기반으로 슈퍼컴퓨터에서 지도의 이미지 레이블링 작업을 생략한 채 뉴럴 네트워크 트레이닝을 통한 자율주행 시스템을 훈련하는 것을 말한다. 이 프로젝트의 핵심은 사람이 없어도 빠른 속도로 대량의 자료를 머신 러닝이 학습할 수 있도록 만드는 슈퍼컴퓨터다. 테슬라는 이를 기반으로 완전자율주행을 구현하려는 계획이다. 특히 테슬라에 의하면 도조는 10의 18승을 의미하는 엑사급의 연산이 가능한 자체 개발한 슈퍼컴퓨터라 말했다.

이런 방식은 기존 완성차 업체들은 더욱이 선호하지 않는 접근방법이기도 하다. 게다가 기존에 이러한 방식의 개발을 그동안 시도해봤던 자동차 회사나 다른 거대 IT 회사들 자체가 없었기 때문에 여전히 테슬라의 이러한 방식은 주류로 인정받지 못하고 있다.

자율주행 시스템은
누가 만들까?

티어 1 부품 업체에 주목하라

자율주행의 단계는 일반적으로 총 5단계로 구분한다. SAE에서 규정하고 있는 자율주행의 단계로 자동차 회사들 대부분이 이를 따르고 있다. 레벨 1~3까지는 운전자의 개입이 계속해서 요구되고, 레벨 4~5의 경우 자동차가 운행에 대한 제어 권한을 갖기 때문에 운전자의 개입이 필요 없다. 4~5레벨의 특이점은 자동차가 운행에 대한 제어 권한을 가지므로 사고가 발생하면 운전자가 아니라 제조사의 귀책으로 이어지게 된다는 점이다.

운전 중 발생할 수 있는 수많은 상황 중에 일부를 차량이 자체적으로 인지하고 판단하여 차량을 제어하는 기술이다. 복잡한 차량 제어 프로세스에서 운전자를 돕고 궁극적으로 자율주행 기술을 완성하기 위해 개발됐다. ADAS는 충돌의 위험이 있을 때, 제동 장치를 밟지 않아도 스스로 속도를 줄이거나 멈추는 '자동 긴급 제동 시스템(AEB)', 차선 이탈 시 주행 방향을 조정해 차선을 유지하는 '주행 조향 보조 시스템(LKAS)', 사전에 정해 놓은 속도로 달리면서도 앞차와 간격을 유지하는 '어드밴스드 스마트 크루즈 컨트롤(ASCC)', 사각 지대 충돌 위험을 감지하는 '후측방 충돌 회피 지원 시스템(ABSD)', '혼잡 구간 주행 지원(TJA)' 등을 포함한다.

자율주행 레벨 3까지는 완전 자율주행이 아닌 운전자 보조 시스템이라 부르고, 이에 활용되는 부품 시스템을 ADAS(Advanced Driving Assistant System)라고 부른다. ADAS 시스템의 작동 원리는 다음과 같다. 먼저 센서로부터 사물을 인식하는 일과 관련된 데이터를 확보한다. 이후 DCU(Domain Control Unit) 또는 ADAS ECU 등으로 불리는 중앙처리장치로 전송된 데이터를 활용해서 일정 로직에 따른 차량 제어 명령을 수행한다. 차량제어 단계에서는 차량의 조향, 브레이크 시스템과 협조하여 차량의 속도, 방향을 제어한다. 자율주행 레벨 3 수준이면 이 기능을 수행하기 위해 더욱 고도화된 기술이 필요하게 된다. 이때 차량 1대당 들어가는 센서의 수가 증가하거나 기존에 사용하던 것보다 훨씬 고가의 고성능 센서를 탑재해야 한다. 부품 업체는 이중 센서 개발과 소프트웨어의 설계 등을 담당하고 있다.

일반적으로 자동차 회사들이 소비자에게 공급하고 있는 자율주행 시스템은 아직까지 대부분 레벨 2에 머물고 있으며, 몇몇 선진업체들을 위주로 레벨 3 시스템의 양산을 준비 중이다. 반면 완전자율주행인 레벨 4~5는 독립 법인을 설립하거나 출자하여 개발하는 형태를 띠는데, 이는 일반적으로 투입되는 초기 자본금의 규모가 너무 큰 터라 양산 단계까지의 시점마저 불투명하고 사업 자체의 리스크가 상당히 크기 때문이다. 자동차 업체가 아닌 우버와 리프트 역시 자체 자율주행 사업부를 갖추고 있었으나, 본업에서의 현금흐름을 창출하는 데 타격을 받자 결국 양사 모두 자율주행 사업을 결국 오로라(Aurora)와 토요타에 매각한 바 있다.

자율주행은 일반적으로 인지-판단-제어라는 로직 안에서 각각의 기능을 수행하는 부품들이 하나의 시스템을 이룬다. 이중 인지 부분은 차량의 외관에 달린 카메라, 레이더, 라이다 등의 센서를 말한다. 인지 부분의 역할은 외부의 데이터를 수집하고 이를 통합하여 연산 및 의사 결정을 내리는 핵심 소프트웨어에 전달하는 것이다. 이 핵심 소프트웨어가 바로 상황을 판단하고 자동차의 방향과 속도

제어를 수행하는 부품이다. 이렇게 세 가지 로직이 합쳐졌을 때 비로소 하나의 시스템이 되는 것이다. 이 시스템을 제작하고 제어하는 작업은 분명 자동차 내부 시스템에 깊숙이 연관되어 있지 않으면 불가능한 일이지만, 흥미롭게도 자동차 회사들은 이러한 시스템을 직접 개발하기보다는 외부 업체에 의존하는 경우가 많다. 특히 티어 1(Tier-1) 부품 업체들을 통해 공급받는 경우가 대부분이다.

그렇다면 대체 이 티어 1 부품 업체는 어디일까? 쉽게 말하면 브랜드 인지도가 높은 대형 부품 업체들을 말한다. 자동차 회사의 역할은 일반적으로 자동차의 설계와 개발 그리고 조립(OEM)으로 이뤄져 있다. 이미 여러 개의 모듈로 이뤄진 부품이나 여러 개의 단순 부품이 합쳐져 하나의 기능을 수행하는 시스템 수준의 부품을 부품 업체로부터 공급받는데, 이런 부품을 공급하는 업체 중 대형 업체들을 티어 1 부품 업체라 부른다. ADAS도 이런 티어 1 부품 업체가 공급하는 시스템 부품 중 하나다.

티어 1 부품 업체들은 오랫동안 자동차 업체들과 동반 성장한 정도를 넘어서, 차세대 기술도 선행해서 연구하고 개발해왔기에 자동차 업체가 신차 설계할 때 상당한 영향력을 행사한다. 전 세계적으로 대표적인 티어 1 부품 업체는 독일의 보쉬(Bosch), 콘티넨탈(Continental), ZF 프리드리히하펜, 스웨덴의 오토리브(Autoliv), 프랑스의 발레오(Valeo), 일본의 덴소, 미국의 앱티브, 리어(Lear), 보그워너(Borgwarner), 애디언트(Adient), 비스티온(Visteon), 캐나다의 마그나(Magna) 등이 있고, 국내에는 현대모비스, 한온시스템, 만도 등을 꼽을 수 있다. 특히 유럽과 미국의 티어 1 업체들은 자체적으로도 브랜드를 갖추고 있을 뿐만 아니라, 몇몇 자동차 회사들보다 이미 규모가 크기 때문에(마그나가 고용한 직원의 수가 약 17만 명에 육박한다.) 자동차 업체들은 이들을 단순히 부품만 공급하는 부품 업체보다는 강한 브랜드 인지도를 갖춘 파트너 회사로 인정하는 경우가 많다. 독일의 티어 1 기업들은 워낙 파워트레인에 대한 개발 이력이 길고, 선행개발의 범위가 넓은 경우가 많아 부품 업체만으로도 엄청난 영향력을 행사하는 일이 많다.

글로벌 최상위권 티어 1 기업이자 현대차와도 레벨 4 수준 차량을 같이 개발하는 파트너 앱티브가 밝힌 일반적인 자율주행 개발에 필요한 ADAS 부품의 가격은 레벨 2 수준에서 차량 1대당 약 450달러 정도다. 그러나 레벨 3을 넘어서면서부터 1대당 4,000달러 이상으로 비용이 오르고, 레벨 4 이상부터는 1대당 10,000달러가 넘는다. 물론 아직은 완전자율주행 시스템에 들어가는 ADAS의 가격대 자체가 정해져 있다고 보기는 어렵다.

이미 티어 1 부품 업체들은 앞다퉈 ADAS 시장에 본격적으로 진출하고 있다. 만약 이 중 미래 시장을 주도하는 자동차 회사로부터 ADAS의 수주 계약을 확보하는 티어 1 기업이 있다면, 엄청난 사업 확장의 기회로 연결될 것이다. 일반적으로 자동차 회사들은 기존에 부품을 제공하던 파트너 부품 업체를 변경하는 것을 조심스러워한다. 파트너 부품 업체를 변경할 경우 자신들의 제품 생산에 불확실성이 더해질 가능성이 제법 되기 때문에, 한번 공급 파트너로 선정하면 계속해서 그 업체와 파트너십을 유지할 가능성 크다.

◆ 자율주행 레벨에 따른 ADAS 비용(기준: 차량 1대)

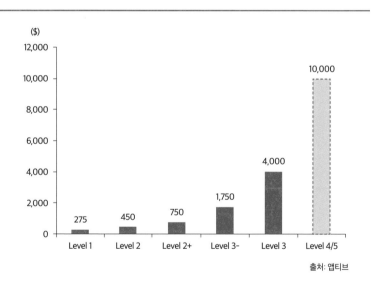

출처: 앱티브

한편 자동차 회사들은 이러한 ADAS의 성능이 고도화됨에 따라, 다음과 같은 몇 가지 문제점에 부딪히게 된다. ADAS는 자동차 내에서 ECU(Electronic Control Unit)[*]가 가장 집중적으로 사용되는 부품이다. 이 말은 곧 ADAS에는 자동차용 반도체가 가장 많이 사용되는 시스템이라는 소리다. 이러한 ECU는 각자마다 다른 운영체제를 보유하고 있어 자율주행 시스템을 통합해서 운영하는데 애로사항으로 작용하게 된다. 카메라 같은 센서의 개수가 늘어나면서 수집되는 데이터의 양은 증가하는 데 반해, 이를 운영하는 방식이 각기 다른 형태를 띠게 되면 충돌이 발생할 가능성이 높아진다. 따라서 자동차 회사들은 ECU를 통합적으로 설계함으로써 충돌을 최소화하기 위한 성능을 개선하는 것에 대한 투자가 절대적으로 필요하다. 그러나 전통적인 자동차 회사들은 이러한 근본적인 변화에 대한 대처가 상당히 느리다. 전통적인 자동차 회사들이 많이 하는 신차개발 사이클까지 기다린 후 기존에 개발된 차량에 신형 통합 ECU를 넣는 작업은 매우 비효율적이다. 따라서 이러한 형태의 ECU 통합 작업은 처음부터 통합 ECU 형태를 추구하던 신규 전기자동차 업체들이 좀 더 앞섰다고 보는 것이 맞다. 실제로 테슬라의 경우, 이러한 ECU 단순화 작업을 누구보다 빠르게 진행해왔고, 2020년 2월 닛케이 아시아에 기재된 내용에는 이런 테슬라의 기술적 진보가 폭스바

---

[*] Electronic Control Unit(ECU): 자동차의 센서들로부터 데이터를 받아 연산작업을 통해 자동차 제어를 수행하는 장치.

겐그룹, 토요타와 비교했을 때 무려 6년가량 앞선 형태임이 강조되어 있다.

OS 전쟁: 자동차 안의 새로운 플랫폼

이제 하드웨어 플랫폼에서 소프트웨어 플랫폼으로 자동차의 부가 가치가 옮겨가는 현상은 너무 뚜렷하다. 이는 특히 전기차 시대의 하드웨어 성능이 내연 기관의 성능을 순식간에 따라잡으면서 앞으로는 더욱이 부각될 수밖에 없는 사실이다. 물론 전기차의 차량 내구성에 대한 이슈는 앞으로도 끊임없이 나타날 예정이나, 이미 대형 자동차 회사들은 고성능엔진 개발을 거의 중단한 상황이다. 이처럼 하드웨어의 성능만으로는 자동차의 부가 가치 성장하지 않는다는 것은 이제 누구나 고개를 끄덕이며 공감할 만한 이야기다.

특히 최근에 많이 거론되고 있는 '애플카' 이슈와 구글과 현대차와의 협업 가능성은 이러한 사실을 강하게 뒷받침하고 있다. 이미 테슬라의 전기차인 '모델S 플래드'의 제로백 도달 시간이 1.9초를 기록하며 내연 기관을 뛰어넘고 있는 상황에서, 애플과 구글이 성능에 집착하며 전기차를 개발할 것으로 보이지는 않는다. 애플은 2018년 기존의 전기자동차 생산 프로젝트인 '타이탄 프로젝트'를 중단했었으나, 2020년 들어 다시 자동차 산업에 진출하려는 야심을 드러내고 있다. 특히 2021년 1월에는 현대차그룹과 파트너십을 맺을 수 있다는 가능성이 보도되면서 주식 시장의 최대 화두로 떠오르기도 했다.

이때 주목할 점은 애플이 자동차를 직접 생산할 가능성은 매우 낮다는 것이다. 스마트폰 사업과 마찬가지로 자신들의 파트너를 찾을 가능성이 크다. 독점적인 자사의 운영체제를 기반으로 한 자율주행차를 조립해 줄 수 있는 파트너를 찾는 셈이다.

구글도 마찬가지다. 구글은 지주사인 알파벳을 통해 이미 웨이모라는 자율주행 택시 회사와 함께 간접적으로 시장에 진출해 있다. 웨이모는 최근 들어서는 외부 펀딩을 받기 시작했으나, 태생부터 구글에서 시작된 자동차 사업이 바로 웨이모다. 최근 구글은 현대차와도 파트너십을 맺고 있다고 언론을 통해 보도된 바 있는데, 이는 차량 내부의 콘텐츠를 공동개발하기 위함일 가능성이 매우 크다. 단순히 자율주행뿐만 아니라 스마트폰처럼 다양한 애플리케이션을 사용할 수 있는 강력한 운영체제를 자체적으로 보유하고 있지 않은 현대차로서는 이러한 파트너십이 미래에는 매우 중요한 자원으로 작용할 수 있다. 자율주행차의 시대가 오면 소프트웨어의 중요성은 더욱 커진다. 차량 내에서 탑승자는 더 이상 운전에 관여하지 않아도 되고 그 시간을 서비스를 소비하는 데 사용할 것이다. 자동차 기업들은 이제는 단순히 차량의 기술적 능력치뿐만 아니라 소비자가 선택할 수 있는 서비스의 영역까지도 고려해야 한다. 그리고 일반적으로 음악뿐만 아니라 영상, 결제, 엔터테인먼트 등 거대 IT 업체들 입장에서는 단순히 넘어갈 리가 없는 시장인 만큼 기존 시장의 터줏대감들은 더욱 신경을 곤두세워야 한다.

2023년 이후 자동차 시장에서 나타나게 될 가장 큰 변화는 OTA 기능이 보편화되는 것이다. OTA는 일반적으로 소프트웨어 OTA와 펌웨어 OTA로 나뉜다. 펌웨어 OTA, 즉 FOTA의 경우 차량의 하드웨어를 제어한다. 이 말은 곧 자동차를 제어하는 기능의 전반을 업데이트하는 것이 이제는 OTA를 통해 가능해진다는 셈인데, 이를 통해 기존에 해오던 인포테인먼트의 업그레이

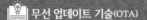

무선 업데이트 기술(OTA)

무선으로 소프트웨어를 업데이트하는 기술을 말한다. 최근에는 차량의 탑재되는 소프트웨어를 업데이트하는 기술로 많이 쓰이고 있다. 일견 보기에는 매운 간단한 기술처럼 보이나, 실제 차량에 적용하기 쉽지 않다. 운행 중인 상황에서도 큰 용량의 데이터를 안정적으로 내려받아야 하기 때문에 배터리 방전, 통신망 장애 등 안정성 측면에서 신경을 써야 할 부분이 많다.

기존에는 자동차의 소프트웨어나 지도를 업데이트하기 위해서는 정비소를 방문하거나 USB를 활용하여야 했다. 하지만 이제는 무선 업데이트 기능을 이용하여 실시간 위치 확인, 원격 제어 등 다양한 서비스에 기반이 되었다. 최근에는 하드웨어를 제어하는 부분인 펌웨어(Firmware)까지도 업데이트할 수 있는 FOTA도 나오고 있다.

드 수준이 아닌 실제 차량의 성능 업그레이드를 직접 수행할 수도 있다.

테슬라를 비롯한 몇몇 신규 전기차 업체들의 경우 이미 FOTA 기능을 도입하고 있는데 반해서 기존 자동차 제조사들은 아직 대부분 소프트웨어 OTA에만 매달리고 있다. FOTA를 기존 자동차 회사들이 도입하는 시점은 가장 빨라도 2023년 또는 그 이후로 예상된다. 현대차그룹의 경우 역시 CEO Investor Day를 통해 현재 자신들의 차량에 탑재된 OTA 기능이 펌웨어까지 업그레이드할 수 있는 시점에 대해서 2023년경이 될 거라고 말한 바 있다.

폭스바겐그룹의 경우 전기차 전용 플랫폼인 MEB 플랫폼에서 생산되는 첫 전기차인 'ID.3'의 초기생산계획을 세우면서 FOTA를 탑재하기 위한 작업을 지난 1년이 넘는 시간 동안 해왔으나, 결국 신차 생산 시점만 10개월가량 밀리는 사태가 벌어지고 말았다. 테슬라를 따라잡겠다고 공공연히 발표해 왔던 폭스바겐그룹의 전기자동차 판매량이 2020년 말에나 증가하기 시작한 이유 중 가장 큰 것이 결국 OTA 도입 여부에서 결정된 것이다.

자동차 회사들은 이러한 자신들의 약점을 극복하고 결국 자사의 모든 운영 시스템을 통합하기 위해 직접 자체 운영체제 개발에 나서기 시작한다. 현재 자동차용 통합 운영체제 시장에서는 주로 블랙베리(Blackberry)의 'QNX', 안드로이드의 오토모티브(Automotive) 등이 일반적으로 사용되는데, 이 중 블랙베리의 QNX 운영체제는 현재 전 세계 약 1억 7,000만 대 차량에 사용되고 있을 정도로 그 영향력이 강하다. 하지만 이렇게 자동차 회사들이 지금까지 해오던 타사의 운영체제를 빌리는 방식은 결국 궁극적으로 차량에서 발생하는 부가 가치에 대한 권한이 줄어들거나, 아니면 원하는 방식으로 차량 개발이 어려워질 수도 있다. 커져만 가는 외부 운영체제 업체의 영향력에 부담을 느낄 수밖에 없다.

운영체제를 둘러싼 경쟁 구도는 10여 년 전 스마트폰 시장에서 벌어졌던 이슈와도 매우 비슷한 구도를 보일 것으로 예측해볼 수 있다. 과거 스마프폰 시장에선 강력한 소프트웨어와 디바이스를 갖춘 애플의 iOS, 오픈 소스를 기반으로 하는 안드로이드로 결국 시장은 이분화되었다. 이중 애플이 아닌 디바이스는 대부분 안드로이드를 사용하고 있으며, 이러한 산업의 지형은 자동차 산업 내에서도 유사하게 그려지고 있다. 이미 자동차 회사들 대다수는 인포테인먼트 운영체제로 'Android Auto'와 'Apple Carplay'를 사용하고 있고, 자체 운영체제를 사용하는 테슬라가 스마트폰 시장에서의 유사한 방식을 취하고 있다. 애플카의 경우 이미 iOS를 통해 확보한 압도적인 유저들의 정보가 있기에 단숨에 높은 시장 지위를 확보할 수 있을 것이다.

이러한 우려 속에서 기존 대형 자동차 업체 중에서 다임러, 폭스바겐, 토요타 세 회사는 자체적으로 통합 운영체제를 개발할 것이라 발표했다. 다임러의 경우 2018년에 자체 인포테인먼트 시스템인 'MBUX'를 출시해서 사실상 구글과 애플로부터 이미 벗어났다고 보는 것이 맞다. 지난 2020년 10월 다임러는 전략 발표회에서 자동차의 여러 분야에 대해 중대한 발표를 했는데, 이중 가장 중요하게 봐야 할 부분이 바로 운영체제와 관련된 내용이다. 다임러는 사실 테슬라가 출범하기 전까지는 자동차 산업의 선도기술을 항상 남들보다 빠르게 도입해왔다. 내연 기관의 엔진을 처음 개발한 것도 다임러 벤츠고, 이후에도 엔진과 변속기 등 파워트레인 분야의 기술력은 타의 추종을 불허할 정도로 앞서 나갔고, 이뿐만 아니라 카쉐어링 분야에서도 '스마트', 'myTaxi' 등을 발 빠르게 론칭하는 등 자동차 시장의 생태계에 대한 이해도 자체가 매우 높은 기업이다. 다임러는 2024년에 자체 개발하는 운영체제를 공급하기 시작하겠다는 내용을 발표했다. 다임러는 자체 운영체제인 'MB.OS'는 총 5개의 영역을 통합운영하는 체제가 될 것이라고 설명했는데, 영역을 들여다보면 드라이브트레인, 자율주행, 인포테인먼트, 차량제어, 정보통신이다. 쉽게 말해서 배터리, 자율주행, 인포테인먼트 등 핵심 분야를 모두 통합으로 제어하는 자체 운영체제를 만들겠다는 의미다. 현재까지는 폭스바겐과 토요타에서 정도만 이러한 움직임은 보이는 중이다. 두 회사 모두 자체 운영체제 플랫폼을 발표하였으나, 아직까지는 막 시작한 단계로 실제 성과가 나타나기까지는 상당한 시간이 걸릴 것으로 보인다.

애플카는 과연 가능할 것인가

지난 1월 현대차그룹과 애플과의 자율주행 자동차 파트너십이 알려지면서 국내 주식 시장의 관심과 이목이 쏠린 적이 있었다. 현재 전 세계 시가총액 1위이자 소비재 시장에서의 막강한 브랜드 파워를 지녔고, 180조 원에 달하는 순 현금 규모를 갖춘 업체인 애플이 자동차 시장에 본격 출사표를 내민 셈이다. 이미 애플은 애플 카플레이를 통해 부분적으로는 자동차 시장에 이미 진출해 있는 상태이다. 스마트폰과 노트북 등의 디바이스와 iOS를 통한 충성도 높은 고객층을 보유한 애플과의 독점적인 협력 파트너십은 일단 결과 여부를 떠나서 그 사실 자체만으로도 엄청난 화제가 될 수 있다. 물론 이후 현대기아차그룹은 애플과의 자율주행차 개발 협력 사실에 대해서는 공시를 통해 부인했지만, 여전히 전기차 생산을 위한 파트너십을 맺는 것에 대해서는 높은 가능성이 제기되고 있다.

그렇다면 우선 근본적인 질문을 할 필요가 있다. 애플이 자동차 산업에 들어오려는 이유는 무엇일까? 얼핏 보면 자동차 생산과 판매에는 경험이 전혀 없는 스마트폰 업체가 자동차 산업에 들어와 자동차를 판매한다는 그림 자체가 쉽게 그려지지 않는다. 그러나 자동차의 디지털화 관점에서 보면, 애플이 자동차 산업에 들어오려고 하는 이유는 쉽게 찾을 수 있다. 자신들의 강점인 소프트웨어 기술을 자동차라는 디바이스에 그대로 활용하면 시장에서 충분히 먹힐 가능성이 있다고 본 것이다. 애플은 기존에 진행했던 자동차 프로젝트인 '프로젝트 타이탄'을 종료한 이후 자동차 프로젝트를 처음부터 다시 시작한 것으로 보인다. 2019년 6월 자율주행차 개발 스타트업인 'Drive.ai'를 인수하며 애플이 자율주행 자동차 프로젝트를 은밀히 진행하고 있음이 세간에 공개되었는데, 이후로도 여러 자동차 업체 출신의 핵심 인력들을 모집하는 모습이 확인되면서 자동차 산업으로의 진출이 단순히 가십거리가 아니었음을 보여주고 있다.

애플은 노트북과 스마트폰 사업에서 오랜 경험과 배타적인 성격의 소프트웨어를 기반으로 압도적인 제품 경쟁력을 자랑한다. 오픈소스 기반인 안드로이드와는 다르게 소프트웨어의 설계부터 시작해서 모든 공정이 애플의 디바이스만을 위해 설계되었기 때문에 UI 부문에서 큰 강점을 보인다. 특히 스마트폰과 노트북에 들어가는 핵심 반도체 칩들은 갈수록 퀄컴, 인텔 등 외부 업체들에 대한 의존도는 낮춰가는 한편, 반도체 칩을 자체적으로 설계하며 산업적인 퍼포먼스를 더욱 높혀가고 있다.

자체적인 반도체 칩 설계는 단순히 가격 측면의 이득만을 가져오는 일이 아니다. 외부의 반도체 회사가 만든 칩은 다양한 회사에 판매하기 때문에 범용성을 띨 수밖에 없다. 자연스럽게 이어지는 결과로 범용성을 띠는 반도체 칩을 사용하면 애플이 원하는 차세대 소프트웨어를 구동하는 데 있어 최적화 작업을 진행하기 어려워진다. 결국, 애플은 자사가 필요로 하는 반도체 칩의 설계는 자신들이 담당하고, 파운드리(생산)만 대만의 반도체 업체인 TSMC로 외주로 맡기는 방식을 취하고 있다. 애플은 가장 부가가치가 높은 소프트웨어와 칩 설계만 자신들이 담당하고, 나머지 고정비의 성격이 강한 일반적인 제조 공정은 모조리 외부의 업체를 활용하는 전략을 지금까지 사용하고 있다.

이런 애플이 현대차그룹과의 협업을 추구하는 이유는 무엇일까? 앞서 언급한 애플의 생산 전략을 생각하면 답은 간단해진다. 자신들이 설계한 자동차를 위탁 생산할 업체를 찾는 중인 것이다. 적어도 애플은 대부분의 대형 자동차 회사들과는 모두 협업체제를 형성하기 위한 접촉이 있었던 것으로 보인다. 그러나 앞서 언급했던 다임러, 폭스바겐, 토요타의 경우 이미 자체 운영체제의 개발을 발표한 상태다. 이미 될 수 있는 한 모든 핵심 공정을 수직 계열화하기 위한 계획을 세우는 와중이므로 애플과 파트너십을 맺을 필요가 없는 것이다.

이런 상황에서 아직 자체 운영체제를 개발한 계획을 발표하지 않은 현대기아차그룹을 파트너로 선정한 일은 애플이 자동차 회사에 요구하는 바가 자신들이 설계한 자동차를 위탁 생산하는 것일 가능성이 매우 높음을 의미하기도 한다. 어차피 애플은 자신들이 이미 사용하고 있는 iOS를 기반으로 자율주행 자동차와 인포테인먼트 운영체제를 만드는 데 집중할 것이다.

그러나 애플의 운영체제는 이미 널리 알려졌듯이, 운영체제에 사용되는 개발자들이 프로그램을 쉽게 만들 수 있는 언어나 메시지의 형식 혹은 구성을 뜻하는 API(Application Programming Interface) 공유를 제한하고 있다. 아마 이 부분 때문에 현대기아차그룹이 애플과의 협업을 부인하는 듯하다. 애플의 생태계 안에서는 자동차 회사는 애플의 소프트웨어를 사용하는 것을 제한받게 되고 단순히 제조업체로서의 협업만을 진행하기 때문이다. 이미 자율주행 시스템에 대한 개발을 진행 중이거나, 관련 기술을 보유하고 있는 업체와는 기본적으로 충돌이 발생할 여지가 큰 구조인 셈이다. 그럼에도 현재 모든 자동차 업체들은 전기차 시장으로의 진출이라는 다시 없을 미션을 수행 중이기 때문에 애플의 위탁 생산 물량에 대한 유혹이 있을 수 있다. 현재 수준으로는 도저히 규모의 경제를 시행하기 어렵기에 전기차의 원가를 낮추기 매우 힘든 반면, 이미 스마트폰 시장에서 소비자와의 강력한 접점을 보유하고 있는 애플이라는 브랜드의 이름값을 완전히 무시할 수는 없기 때문이다.

애플로서는 현대차그룹이 보유한 부품 공급망이 탐나 보였을 가능성이 크다. 특히 현대차그룹은 자동차 회사 중에서는 유일하게 자동차용 강판을 공급하는 철강업체까지도 자회사로 보유하고 있을 정도로 수직 계열화가 짜임새 있게 이뤄져 있다. 다만 문제는 현대차그룹 역시 자체적으로 운영체제를 개발하는 방향으로 걷기 시작했고, 역시 차량 통제권을 놓고 외부 협력사와의 마찰을 극도로 피할 가능성이 매우 높다는 점이다. 특히 인포테인먼트 분야에서는 ccOS(Connected Car Operating System)를 개발해 제네시스 GV80 모델부터 본격적으로 도입하기 시작했다는 점에서 현대차그룹의 방향성을 확인할 수 있다. 또한, 자율주행 전용 운영체제에서는 이미 시장에서 두각을 보이는 앱티브와 협력하는 중이다. 이처럼 이미 현대차

그룹에서도 다임러, 폭스바겐그
룹 등과 같이 그룹사 안에서 소
프트웨어와 관련된 대부분의 리
소스를 개발하고 조달하는 형태
를 취할 가능성이 크므로, 현대
차그룹이 오로지 애플의 자동차
생산만을 담당하게 되는 형태의
협업 관계를 맺을지는 두고 봐야
한다.

 현대차의 운영체계 ccOS

현대기아차그룹의 독자적인 커넥
티드카 운영체계. 자동차 커넥티비
티 환경을 안정적으로 구축하고 방
대한 데이터를 신속하게 가공·처
리할 수 있도록 고도화한 소프트
웨어 플랫폼이다. ccOS는 차량 제
어 기능을 지닌 '차량 연동 체제',
내비게이션, 멀티미디어 등의 기능
을 제공하는 '인포테인먼트 체제',
외부와 연결된 데이터를 처리하는
'커넥티비티 체제'등으로 구성된
다. 현대차그룹은 인공지능 컴퓨팅
기술 분야의 선도 기업인 엔비디아
와 협업하기로 하고, 2022년부터
출시하는 모든 차량에 ccOS를 탑
재할 것이라고 발표했다.

MOBILITY

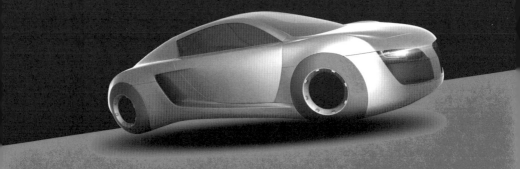

3장

플랫폼:
모빌리티 혁명을 넘어

자동차 산업의
혁신적인 변신

모든 걸 바꿔 놓은 우버와 리프트의 출현

도심화(Urbanization)가 진행됨에 따라 자동차를 소유하려는 욕구는 지속해서 감소해왔다. 맥킨지 보고서에 따르면 전 세계 자동차 소유자들은 평균적으로 하루에 약 30분 정도 차량을 이용하는 것으로 알려져 있다. 계속해서 심해지는 도심화의 흐름은 이 짧은 시간마저도 더 짧게 만드는 역할을 할 것이다. 이런 흐름 때문인지 차량을 구매하지 않고 빌려 쓰는 시대적 흐름이 보편화되고 있다.

1999년 보스턴을 중심으로 한 자동차 공유 회사가 생겼다. 그 이름은 집카(Zipcar)로 초반에는 그 회사의 차를 사용하는 사람이 없을 정도로 작은 규모로 시작되었다. 집카는 현재 국내의 쏘카가 표본으로 삼은, 최초로 성공한 미국의 차량 공유 모델 중 하나다. 기존의 렌터카 서비스를 대신해, 특정 장소로 가서 차량을 사용하기만 하면 되는 간단한 비즈니스 모델이다.

사업을 시작한 첫해 사람들은 고작 75명만이 차량을 맡길 정도로 이 비즈니스 모델에 반신반의했었지만, 집카는 보스턴을 시작으로 워싱턴, 뉴욕 등 미국 동부의 중심 지역들로 순식간에 뻗어 나갔다. 2006년과 2007년에는 영국과 캐나다로도 서비스망을 확대, 그야말로 자동차 생태계에서 이단아의 아이콘으로 자리 잡았다. 이후 집카는 2012년에 출범 이후 처음으로 연간 흑자를 달성하며 더욱 혁신의 아이콘으로 시장의 주목을 받게 되는데, 2013년에는 초대형 렌터카 업체 그룹인 에이비스 버짓 그룹에 인수되며 대단원의 막을 내리게 된다. 이때부터 시장의 스포트라이트는 다른 곳, 바로 승차 공유 플랫폼을 비추게 된다.

자동차 공유 서비스는 크게 차량 공유, 승차 공유 두 가지로 분류할 수 있는데, 간단히 표현하면 차량 공유의 경우 기존 렌터카 비즈니스와 유사하고, 승차 공유의 경우 기존 택시 사업과 유사한 모양새다. 그러나 2000년도 후반 좀 더 정확히 말하면 스마트폰이 보급되고 나서부터 두 개의 비즈니스는 엄청난 성장을 하게 되는데, 특히 승차 공유 플랫폼은 차량을 내가 있는 위치로 차량을 부를 수 있게 되는 2010년도부터 엄청난 성장세를 보이기 시작한다.

승차 공유 플랫폼이 초창기 시장부터 별다른 문제없이 크게 성장할 수 있었던 배경 중 하나는 바로 인력확보에 대한 낮은 진입장벽이다. 트래비스 칼라닉(Travis Kalanick)이 2009년 우버를 미국 샌프란시스코에서 설립한 후 그 성장성을 인정받아 소프트뱅크로부터도 투자를 받았고, 2019년에는 미국 주식 시장에도 상장한다. 2020년 기준으로 우버의 매출액은 약 110억 달러에 달하는데, 아직도 연간 흑자 구간에는 도달하지는 못했다. 그러나 주식 시장에서 우버를 향한 관심은 아직도 현재의 수익보다 도대체 왜 매출이 110억 달러밖에 되지 않는 업체의 시가총액이 무려 1,000억 달러에 달하는가이다. 무엇 때문일까?

우버로 대표되는 승차 공유 비즈니스는 태생적으로 매우 파괴적인 성격을 띠고 있다. 승차 공유 업체들의 출현으로 인해 가장 직격탄을 맞은 건 역시 택시업체들이다. 택시업체들은 일반적으로 매우 보수적인 성향을 띠고 있으며, 여전히 미국 최대 택시업체인 머댈리언(Medallion)의 택시 라이선스 가격은 10만 달러가 넘는다. 물론 이 가격도 많이 내린 가격이다. 2013년의 라이선스 가격은 100만 달러에 달했다. 바꿔 말해서 택시 기사가 되는 데만 해도 상당한 진입장벽이 있다는 것이고, 이는 우버의 경우와 매우 다르다. 우버는 자신의 차량과 스마트폰만 있으면 언제든 우버의 기사가 될 수 있다. 이러한 낮은 진입장벽은 2008년 금융위기 직후에 크게 악화된 고용 시장에서 일자리를 찾지 못했던 구직자들 또는 퇴직자들에게는 단순한 틈새시장 이상의 고용 시장으로 자리매김했다.

이러한 현상은 2010년 미국 경제가 정상화된 이후에도 계속되었는데, 이는 아마도 수치로 따져봤을 때 여전히 호황기 이전 수준의 실업률이 지속되었기 때문이다. 금융위기 이전 2005~2007년 미국의 실업률은 평균 5% 수준이었던 데 반해, 2010~2015년의 고용 시장은 여전히 이보다 높은 8% 수준의 실업률을 보였다. 즉 일자리가 구직자들에 비해 적은 환경은 실제로 우버 기사들을 모집하는 데 수월함으로 이어진 것이다. 이는 동시에 우버 외에도 리프트, 비아(Via) 등 다른 경쟁업체들이 탄생하는 배경으로 작용했고, 다양한 국가의 시장에서도 마찬가지 현상이 동일하게 나타나기 시작했다. 인도의 올라, 동남아시아의 그랩 등이 이 시기에 현지 시장에서 강한 존재감을 나타낸 승차 공유 플랫폼의 대표적인 사례다. 물론 그 가운데는 가장 먼저 시장을 형성한 우버는 시야를 글로벌 시장으로 돌리면서 공격적으로 확장했고, 이는 더욱 시장의 규모가 커지는 현상으로 이어졌다.

우버의 영향력은 점점 분야를 가리지 않고 나타나기 시작했다. 우버가 자율주행 시장에 본격 진출하기 시작하면서 자동차 제작사들의 경각심을 일깨워 준 이슈가 있었다. 우버는 구글과 같은 샌프란시스코에 본사를 두고 있는데, 특히 우버의 CEO 트래비스 칼라닉은 구글의 래리 페이지(Larry Page)와 친분이 있었을 뿐만 아니라 구글의 자율주행 계획에도 큰 관심을 보였다. 당시는 구글의 비밀 프로젝트였던 'X'가 웨이모로 정식 론칭하기 전이었고, 프로젝트 쇼퍼(Project Chauffer)라는 이름으로 비밀리에 진행되고 있었다. 특히 구글은 이 당시 이미 2007년 다르파 그랜드 챌린지(DARPA Grand Challenge)에서 카네기멜런대학을 우승으로 이끈 핵심인물들이 주축으로 자율주행 기술을 연구하고 있었으며, 실제로 자율주행 테스트를 여러 주에서 수행하고 있었다.

다르파 챌린지란 미국 의회가 2015년까지 미국의 육군 병력 중 1/3을 자율주행 로봇으로 만들겠다는 최종 목표하에 실시했던 프로젝트다. 미국의 국방부는 민간 업체들을 끌어들여 경합을 벌이게 하면서 자신들의 목표를 달성하고자 했다. 주요 과제는 시내와 동일한 환경에서 약 96km에 달하는 거리를 6시간 안에 자율주행차로 이동하는 것이다. 당시 스탠퍼드, 카네기멜론, MIT, 버지니아대학 등 내로라하는 미국 대학팀이 참여했으나, 2007년에는 5개의 팀만이 완주했고, 여기서 독보적으로 부각을 드러낸 팀은 카네기멜런대학과 스탠퍼드대학뿐이었다.

칼라닉은 이렇게 모인 구글의 인재들로부터 영향을 받아 자체적으로 자율주행 사업에 대한 도전을 시작했다. 이를 위해 따로 ATG를 우버 안에 설립하고, 2015년 카네기멜런대학의 자율주행 연구인력 50명을 통째로 데려온다. 당시 시장에 존재하는 최고의 인력들을 모두 데려온 셈이나 마찬가지다. 이후 2016년부터 우버는 자율주행 도로주행 테스트를 본격적으로 시작한다. 이때부터 자동차 업체들은 우버를 비롯한 승차 공유 사업에 관심과 경각심을 모두 갖기 시작한 것으로 보인다. 실제로 구글의 자율주행 사업이 웨이모라는 이름으로 분사되어 구글의 지주사인 알파벳의 계열회사로 편입된 것도 2016년 12월이다.

2016년까지만 하더라도 자동차 회사들은 승차 공유를 단순히 택시 형태의 비즈니스로 인식하고 있었다. 그때까지 자동차 업체들은 ADAS에 대해서는 티어 1 부품기업과의 협업을 통해 양산에 들어가고 있었지만, 레벨 4~5에 해당하는 완전자율주행 기술은 아주 긴 시간이 지나야만 상업화되거나, 아니면 아예 안 될 것으로 보고 있었다. 그러나 승차 공유 업체가 자율주행 기술을 확보하게 된다면, 사실상 향후 기존 자동차 업체들의 역할은 정말로 위탁 생산에 그치게 될 수도 있다는 분위기가 2016년에 크게 형성되면서 이때부터 부리나케 자동차 회사들은 스타트업 업체들에 대한 투자를 크게 늘려 나가기 시작했다.

이 중 대표적인 케이스가 GM과 토요타인데, GM의 경우 미국 디트로이트 업체 중 사실상 최초로 실리콘밸리의 자율주행 스타트업 업체를 인수하며 이목을 끌었다. 이 업체가 바로 앞서 언급했던 크루즈다. GM은 미국 최대 자동차 업체일 뿐만 아니라, 판매량 측면에서도 2012년까지 토요타, 폭스바겐그룹과 함께 연간 1,000만 대에 가까운 판매고를 올리고 있던 세계 3대 자동차 업체다. 그러나 GM은 미국 금융위기로 크게 휘청이며 토요타에게 4년간 세계 자동차 판매 1위 자리를 내준 적도 있다. 이후 보수적 성향이 강한 CEO인 댄 에커슨(Dan Ackerson)이 대표로 취임해서 수많은 구조조정 끝에 회사를 다시 정상 궤도에 올렸으나 얼마 지나지 않아 글로벌 자동차 시장의 빅 5까지 밀려났다.

하지만 GM은 2014년 메리 바라(Marry Barra)가 CEO 자리를 물려받으면서 분위기 반전을 꾀한다. 메리 바라는 GM 최초의 여성 CEO일 뿐만 아니라 GM이라는 조직을 유연하고, 미래 지향적인 기업으로 전환하는 데 크게 기여했다. 특히 여전히 내연 기관 트럭 사업에 집중하고 있던 포드보다 빠르게 모빌리티 비즈니스로의 전향을 시도한다. 2016년 GM은 10억 달러라는 거금을 들여 크루즈를 인수했는데, 2013년에 설립되어 자율주행 소프트웨어만 갖추고 있는 업체를 인수한 것치고는 굉장히 비싼 거래라는 것이 당시 언론의 평가였다. 그러나 비교대상 자체가 존재하지 않기 때문에 이후 크루즈의 몸값은 천정부지로 뛰기 시작했다. 최근 마이크로소프트가 크루즈에 약 20억 달러를 투자하면서 크루즈의 몸값은 거의 300억 달러에 달하고 있다. GM은 또한 우버의 강력한 경쟁자인 리프트에도 약 5억 달러라는 역시 당시로선 엄청나게 파격적인 금액을 투자했다. 리프트 역시 단순히 승차 공유 사업뿐만 아니라 우버의 ATG와도 같은 역할을 하는 'Lv5'라는 사업부를 중심으로 자율주행기술에 투자를 크게 늘리고 있었던 상황이었다.

이후 자동차 업체들은 실로 엄청난 규모의 돈을 승차 공유 업체와 자율주행 스타트업 업체들에 투자하기 시작했다. 건별로만 따져도 대부분 조 단위 투자가 많았고, 2016~2019년까지 발생한 집행된 투자금액만 전부 다 합치면 수십조 원에 해당한다. 토요타는 우버, 디디추싱, 그랩 등에 조단위 금액을 집중적으로 투자했으며, 포드 자동차 역시 자율주행 스타트업 업체인 아르고 AI(Argo AI)를 2017년 10억 달러에 인수하며 본격적인 자율주행 차량에 투자하기 시작한다. 현대차 역시 기아차와 함께 2018년에 약 2억 5,000만 달러를 그랩에 투자했다. 당시 인수를 집행했던 자동차 회사들의 주요 인력들의 인터뷰를 종합해보면, 자동차 회사들의 결론은 하나로 귀결된다. 자율주행 로보택시 시장에 뛰어들겠다는 것이다.

플랫폼의 최대 강자, 테슬라가 가는 길

특히 2019년부터 가장 핫한 자동차 업체로 떠오른 테슬라의 행보도 놀랍다. 2019년에 개최한 오토노미 데이에서 테슬라는 실로 엄청난 발언을 한다. 일론 머스크가 발표한 테슬라의 네트워크를 통하면 테슬라의 소유주들은 로보택시 기능을 활성화해서 실제 수익을 창출할 수 있다고 발표한 것이다. 테슬라는 구체적인 수치까지 제시했는데, 소유주는 자신이 차량을 사용하지 않는 시간을 활용하여 하루 16시간, 연간 9만 마일의 자율운행을 통해 연간 3만 달러에 달하는 로보택시 수익을 창출할 수 있다고 말했다.

당시에는 테슬라의 자율주행 소프트웨어인 FSD가 이제 막 시장에 소개되기 시작한 때로, 테슬라는 FSD의 도입을 통해 2020년 중반에는 로보택시 사업이 본격화할 수 있을 것으로 발표한 바 있다. 물론 2021년인 지금까지 테슬라는 아직 공식적으로 로보택시 사업을 구체적으로 발표한 상황이 아니므로 당시의 기대감은 상당히 사그라진 상태다. 하지만 당시 테슬라가 밝힌 하루 16시간이라는 숫자는 많은 것을 의미한다. 이는 자동차 업체들이 앞으로 판매만 하는 비즈니스보다, 자율주행을 활용한 로보택시 사업에 주력해야 함을 뜻한다. 테슬라는 심지어 자율주행이 가능한 차량은 11년 동안 운행이 가능하고, 따라서 순현재가치(Net Present Value)가 약 20만 달러에 달할 것으로 예상했는데, 이는 약 100만 마일의 운행이 가능한 경우를 가정하고 계산한 수치다. 여기서 말하는 차량의 가치는 매우 중요

 테슬라의 자율주행 시스템 FSD

2019년 오토노미 데이에서 테슬라가 발표한 자율주행 시스템이다. 2019년에 발표하면서 엄청난 호응을 얻었다. FSD의 특징은 주행자들의 운행 정보가 테슬라의 슈퍼컴퓨터로 전송되고 이를 이용해 딥러닝 학습이 이뤄진다는 점이다. 다시 슈퍼컴퓨터는 시스템은 수정 및 보완해서 주행자들에게 배포한다. 현재 테슬라는 이미 30억 마일이 넘는 주행 데이터를 가지고 있다. 또 한 가지 특이점은 구독서비스로 사람들에게 배포한다는 점이다. 구독서비스의 네트워크 효과는 앞으로 테슬라가 플랫폼 기업으로 발돋움하는 데 힘이 될 가능성이 크다.

한 사항이다. 로보택시 업체는 제조업체의 기업가치 산정방식과 완전히 다르므로 각각 차량의 순현재가치가 곧 기업가치와 같은 의미를 지닐 수 있기 때문이다. 일반 제조업체의 경우, 판매되는 차량 1대의 가치는 매우 제한되므로 이를 자산가치로 평가하기에는 어려움이 있으나, 향후 11년간 현금흐름을 창출해낼 수 있는 자율주행차의 경우 이에 대한 자산가치를 기업가치로 봐야 합당하다. 20만 달러의 가치를 지닌 차량이 약 1,000만 대가량 운행 중일 경우, 총 기업가치

는 단순하게 계산해도 2조 달러로 볼 수 있다.

◆ 테슬라의 로보택시 사업의 수익성 예상 프로세스

출처: 테슬라

모빌리티의 영역은
끝이 없다

플랫폼 업체의 영토 확장

우버, 리프트 등 공유 기업들은 자동차 산업 깊은 곳으로 파고들어 자동차의 판매가 감소하는 직접적인 원인으로 지목되면서도, 끊임없이 자본 시장의 최대 화두로 떠오르고 있다. 그들이 지닌 플랫폼의 특성을 바탕으로 빠르게 영역을 확장할 수 있는 비즈니스 모델은 단순한 승객 호출운송 업무에 그치지 않기 때문이다. 리프트의 경우 이미 산업별로 필요한 운송 서비스에 침투하고 있고, 우버의 경우 아예 화물 운송, 대중교통 예약 등 운송과 관련된 모든 영역에 진출하고 있다. 코로나19 이후에는 차량 공유 업체들은 심지어 음식 배달 시장에도 진출했는데, 우버의 경우 배달 사업인 우버 잇츠(Uber Eats)가 2020년 총 예약 금액(Gross Booking)에서 무려 52%나 차지했다. 이미 운송과 관련된 모든 분야에 세밀하게 스며든 셈이다.

동남아시아의 우버라 불리는 그랩 역시 호출운송 앱으로 시작했으나 지금은 우버보다 사업 영역이 더 넓다. 그랩은 자체 결제 시스템인 그랩 페이(Grab Pay)까지 개발했는데, 이를 기반으로 배달 외에도 호텔 예약, 보험 등 매우 다양한 산업군으로 활동 영역을 빠르게 확대하고 있다. 플랫폼 업체의 특성상 기존의 고객과 드라이버들을 십분 활용할 수 있는 금융 서비스를 만들 수 있다는 장점을 적극적으로 활용한 것이다.

자체적으로 결제 시스템을 갖고 있다는 점은 운전기사 또는 승객 개인의 결제데이터를 확보한다는 말과도 같고, 결국 이는 다시 그랩이나 우버가 진행하고 있거나 신규로 확대하는 사업을 홍보하는 일에 활용할 수 있다. 일종의 레버리지 효과가 발생하는 것이다. 그러나 여기서 그치지 않고 그랩은 아예 소매 금융이 가능한 디지털 뱅킹 라이선스를 취득했다. 그랩은 싱가포르 통신사인 싱텔(Singtel)과 컨소시엄 형태로 지난 2020년 12월에 디지털 뱅킹 라이선스를 인가받았으며, 2022년부터 운영을 시작할 계획이라고 한다. 현재 기준으로 보면 그랩, 올라 등 동남아 시장의 호출서비스 업체들이 다른 지역보다 한발 앞서 자체 결제 시스템과 핀테크 사업에 진출한 모양새이며, 우버나 리프트 역시 잇따라 핀테크 사업으로 영역을 넓힐 것으로 보인다.

◆ 우버의 사업부별 매출액 추이
모빌리티 사업을 발판으로 딜리버리 사업이 눈부신 성장세를 보인다.

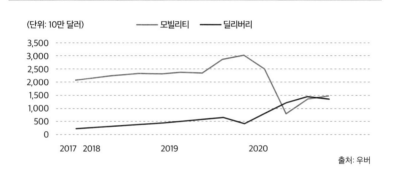

출처: 우버

불붙는 한국판 플랫폼 전쟁,
모빌리티 주도권 전쟁으로 번진다?

2021년과 2022년 한국 자본 시장의 최대 화두 중 하나는 바로 모빌리티 산업의 주도권 쟁탈전이다. 키워드는 승차 공유, 기존 플랫폼의 극대화, 전동화, 자율주행, 이 네 가지로 분류될 것이다. 카카오모빌리티, 티맵모빌리티, 쏘카 등의 플랫폼 업체가 IPO를 통해 주식 시장의 문을 두드릴 예정인데, 아직까지 세 회사 모두 적자 구간이기 때문에 사실상 '쩐의 전쟁'이라고 불러도 무방할 정도로 주식 시장의 대형 사건들이다. 세 회사 모두 글로벌 사모펀드나 전략적 투자자를 통해 거액의 자본을 수혈받은 바 있고, 2021년이 매출액이 급반등한 원년이기 때문에 예정된 IPO가 시선을 잡아끄는 것이다.

국내에서는 카카오모빌리티, 티맵모빌리티, 쏘카가 자율주행 테스트에 적극적으로 나섰고, 2021년부터 각각 지자체와의 적극적인 협업을 맺으면서 유료화 모델을 발표하기 시작했다. 그중 가장 압도적인 플랫폼을 자랑하는 카카오모빌리티의 경우 무려 2,800만 명에 달하는 가입자를 보유하고 있다. 또한, 앞서 그랩과 마찬가지로 카카오 뱅크가 같은 카카오그룹 안에 포함되어 있다. 금융을 포함해 쇼핑, 콘텐츠 등 국내 최대 플랫폼 업체인 카카오그룹이 제공하는 일상과 밀접하게 관련된 분야를 기반으로 해서 레버리지 효과가 발생할 수 있다. 승차 공유 업체들 역시 전기차로의 흐름을 피해갈 수는 없는 것이다.

한국의 국토교통부는 2020년 서울과 충북, 세종, 광주, 대구, 제주 등 총 여섯 개의 도시를 여객과 화물 그리고 유상 운송이 가능한 자율주행차 시범운행 지역으로 선정한 바 있어 이 지역들을 중심으로 자율주행 서비스가 시작된다. 카카오모빌리티는 자율주행 운송 전용 차량을 기아차의 PBV 사업을 통해 공급받는다. 기아차는 그동안 'Plan S' 계획을 발표해왔는데, 이 가운데 가장 핵심사업 중 하나가 바로 PBV다. 기아 브랜드를 통한 E-GMP 외에도 자체 전기차 플랫폼을 통해 그룹 외로 공급하는 차량을

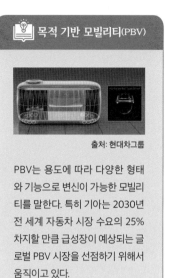

목적 기반 모빌리티(PBV)

출처: 현대차그룹

PBV는 용도에 따라 다양한 형태와 기능으로 변신이 가능한 모빌리티를 말한다. 특히 기아는 2030년 전 세계 자동차 시장 수요의 25% 차지할 만큼 급성장이 예상되는 글로벌 PBV 시장을 선점하기 위해서 움직이고 있다.

2030년에는 무려 100만 대까지 늘리겠다고 발표한 바 있다.

이미 지난해 SK텔레콤으로부터 분사한 티맵모빌리티는 월간 순사용자가 1,290만 명에 달하는 티맵 네비게이션을 기반으로 기존 SK그룹의 플랫폼을 극대화하겠다는 전략의 일환이다. 티맵모빌리티는 우버와 함께 '우티'라는 자회사를 2021년 4월부로 출범했고, 우버가 이 합작법인에 약 1억 달러를 투자하면서 지분 51%를 보유하게 된다. 이 말은 곧 우버의 배차 시스템과 국내 1위 지도업체인 티맵을 동시에 활용해서 카카오모빌리티와 경쟁 구도를 갖추려는 것이라고 예상해볼 수 있다.

MOBILITY

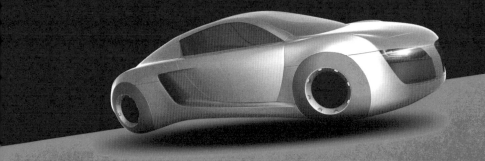

4장

하늘을 나는 자동차와 배송 전쟁

MOBILITY

모빌리티의 다양한 모습

자동차가 다 감당할 수 있을까?

1970~1980년대 전 세계 대도시에 유행처럼 번졌던 일 중 하나가 지하철 공사다. 지하철은 도시로 밀려드는 사람들과 폭발적으로 생겨나는 일자리 수요를 감당하기 위해 건축된 최고의 운송수단 중 하나다. 그러나 시간이 갈수록 지하철 공사에 드는 천문학적인 비용과 그에 반해 떨어지는 수익성으로 인해 더 이상 물가가 높은 대도시에서는 지하철의 신규 노선 건설이 어려운 것이 현실이다. 세계에서 가장 큰 도시 중 하나이자 지하철의 역사가 가장 긴 뉴욕시를 예로 들어보자. 뉴욕에서는 1910년도에 엄청난 경제적 호황을 누리면

서 인프라 건설 붐이 인다. 이후 20년간 수백 킬로미터에 달하는 지하철 노선이 건설되다가, 사실상 1940년도 이후부터는 지하철 신규 노선 건설이 멈췄다. 이후 지금까지 뉴욕에서는 겨우 세 번의 노선 신축만이 있었다. 그때마다 지하철 공사 비용은 엄청나게 증가해왔다. 그중 한 노선의 경우 1마일당 발생하는 공사 금액이 무려 40억 달러에 가까이 책정된 것으로 알려졌다. 단순히 10km 수준에 불과한 짧은 노선 공사에도 수십조 원에 달하는 예산이 필요한 셈이다.

특히 1980년대 이후 몇 십 년 만에 짓는 지하철은 과거의 건축 노하우를 그대로 적용할 수 없으며, 여러 가지 시행착오에서 오는 천문학적인 비용이 발생할 수밖에 없는 구조다. 뉴욕대학교의 한 조사에 따르면 이러한 지하철 건설에 따르는 엄청난 비용은 선진국에서는 그야말로 막대한 비용이 드는 것으로 나타나며, 전 세계 평균만 보더라도 1km당 지하철 공사 비용이 약 2억 2,000만 달러로 조사되었다. 여전히 엄청난 액수다. 지하철 공사비에 대한 부담 때문에 지하철은 더 이상 교통혼잡 해소를 위한 최상의 선택이 아니게 된 것이다. 그러나 도심화에 따른 인구 집중현상은 여전히 이동수단에 대한 수요를 요구한다. 결국, 자동차가 아닌 도심 내의 또 다른 교통수단이 필요한 것이다. 분명 우버, 리프트로 대표되는 승차 공유 호출 플랫폼은 기존의 자동차 소유 모델을 완전히 바꿔놓았으나 이제는 더욱 효율적인 운송수단이 필요한 셈이다.

이런 상황 속에서 현대차는 CES 2020에서 특별한 발표를 한다. UAM을 공개하고 출시 예정임을 밝혔다. UAM이란 'Urban Air Mobility'의 약자로 도심 항공이동수단을 뜻한다. 다만 전통적인 내연 기관이 아닌 전기 동력을 이용한다는 점에서 다르다. 현대차는 전기자동차 전용 플랫폼인 E-GMP도 발표만 해놓고 아직 양산을 준비하는 단계였기 때문에, 그 당시 현대차그룹에 대한 회의적인 시각이 여기저기서 터져 나왔다. 특히 현대차와 기아의 경우 당시 매년 발생하고 있던 쎄타엔진 리콜로 인해 사회 전반적인 시각도 좋지 않은 상황이었다. 특히 2017년부터는 매년 미국 시장에서 리콜을 진행하기 위해 수천억대의 충당금을 쌓는 것이 연례행사가 되었다는 비아냥도 나올 정도였다.

그런 상황에서 현대차의 무엇이 UAM이란 결정을 하게 만들었을까? 사실 이러한 형태의 모빌리티는 그동안 드론을 위시해서 세상에 많이 공개되었는데, 실제 사람의 이동수단으로는 잘 언급되지 않았던 이동수단이다. 그럼에도 불구하고 현대차가 UAM을 세상 밖으로 끌고 나온 데에는 큰 교집합이 있다. UAM의 특징은 전기모터와 배터리를 이용해 구동한다는 점이다. 이는 바로 현대기아차의 전기차를 생산하는 구조와 맥락이 같다. 즉 전기차 산업을 형성하는 데에 UAM과의 동행을 택한 셈이다. UAM의 부상으로 스포트라이트는 자연스럽게 항공 산업으로 향할 수밖에 없다.

항공산업은 자동차 산업의 넥스트를 대체하는 주요 이동수단으로 전 세계 경제에 미치는 영향 역시 엄청나다. ATAG(Air Transport Action Group)가 밝힌 2019년 전 세계 항공산업이 직간접적으로 고용하고 있는 인구는 약 8,770만 명이며, 이 중 직접적으로 항공산업에만 종사하고 있는 인구는 약 1,130만 명이다. 발생하는 금액도 거의 어지간한 국가의 경제력을 좌지우지할 만큼 큰 규모인 3조 5,000억 달러 규모로, 전 세계 GDP의 4.1%에 해당한다.

하지만 항공산업 역시 자동차 산업과 마찬가지로 이산화탄소 배출량에 대한 규제로부터 자유롭지 않다. 유럽 환경청(EEA)의 조사에 따르면 1km 이동할 때 발생하는 이산화탄소 배출량은 자동차는 158g에 불과한 반면에 비행기는 285g에 달한다. 또한, 전체 운송시장에서 발생하는 이산화탄소 배출량 중 항공산업이 차지하는 비중이 약 12% 수준이다. 자동차 산업과 비교해서 배출하는 이산화탄소의 총량이 적지만, 문제는 비행기에서 발생하는 이산화탄소 배출량의 증가속도가 매우 빠르다는 점이다. 미국의 국제청정운송위원회(ICCT; International Council of Clean Transportation)는 항공산업에서 발생하는 이산화탄소 배출량이 2013년에서 2018년까지 무려 32%나 증가했다고 밝혔다. 연평균 성장률로 환산하면 이미 애당초에 UN의 산하기관이자 항공산업의 주요 의사결정기관인 국제민간항공기구 (ICAO; International Civil Aviation Organization)에서 밝힌 수치보다 70% 높은 5.7% 수준으로 추산된다는 점 역시 눈여겨 봐야 한다.

자동차 산업의 경우 이미 이산화탄소 배출량 규제로 인해 배출 총량 자체가 급격하게 감소하는 국면으로 접어들었지만, 항공산업의 경우 2050년까지는 무려 3배나 증가할 것으로도 예상되는 것이다. 이 때문에 현재 유럽의 각국에서는 항공세 부과금액을 증가시키고 있다. 항공사로선 승객 1명의 자리당 부과하는 형태의 환경세는 대응하기 어려울 수밖에 없다. 마치 자동차 업체가 내연 기관을 판매하면 벌금을 물게 되는 것과 마찬가지인 셈이다. 따라서 항공업체들로선 기체의 전동화는 더 이상 선택이 아닌 필수가 될 수밖에 없다. 다만 현재의 무거운 기체를 단번에 전동화시키는 것은 매우 어려운 일이다. 향후 배터리뿐만 아니라 수소연료전지를 포함한 파워트레인으로 대체될 것이며, UAM은 단지 그 시작일 뿐이다. 이러한 흐름에는 이미 몇몇 국가들이 동조하고 있으며, 가장 적극적인 국가 중 하나인 노르웨이의 경우 최근 2040년까지는 모든 비행기를 전동화할 계획이다.

하늘을 나는 자동차

그러나 노르웨이 정부가 모든 비행기를 전동화할 목표 시점인 2040년은 너무 멀다. 이미 많은 스타트업과 자동차 회사들이 구름처럼 '전기 비행기' 시장에 몰려들고 있다. 업체들 대부분이 추구하는 수직 이착륙이 가능한 UAM 형태의 모빌리티는 이르면 2023년에 양산할 계획이다. 자동차 업체 중에서 현재 직접 UAM의 기체를 제조하겠다고 언급한 업체는 현대차와 GM이다.

이러한 새로운 산업의 중심에 자동차 업체들이 존재하는 이유는 크게 두 가지로 꼽을 수 있다. 먼저 자동차 시장 내에서 동력의 핵심이 엔진에서 전동 모터로 바뀌고 있고, 여기에 수반되는 부품의 부품과 신형 기체의 설계가 규모의 경제를 먼저 이룰 수 있는 자동차 업체에 유리한 부분이 존재하기 때문이다.

다른 한 가지 이유는 애초에 비행기 사업을 자동차 업체들이 운영했었기 때문이다. 미국의 산업화가 한창이던 1920~1930년대, 당시 자동차 산업의 파급력은 이전에는 본 적 없을 만큼 강력했다. 그 당시 산업화의 주인공이었던 만큼 자동차 업체들은 공격적으로 유관 산업으로 사업을 확장해나갔다. 특히 GM과 포드, 크라이슬러는 모두 엔진을 직접 제조했기 때문에 비행기 산업 진출에 있어서 우위를 점할 수밖에 없었다.

　게다가 2차 세계대전 당시 GM은 무려 만 대가 넘는 전투기를 생산했던 것으로 알려졌고, 총 60만 개에 달하는 전투기 엔진도 제작했다. 크라이슬러의 경우 아예 엔진 생산의 기술적 기반 자체가 그 당시 군용 비행기 엔진 생산에 초점을 맞추고 있었다. 2차 세계대전 당시 히로시마 원자폭탄을 투하한 전략 폭격기 'B-29'의 엔진이 바로 크라이슬러가 생산한 엔진이다. 크라이슬러는 이후에도 비행기 생산을 적극적으로 해왔는데, 엔진 생산을 넘어 미 육군이 당시 요청했었던 'VZ-6'라는 이름의 기체를 주문 제작하기도 했었다. VZ-6

수직 이착륙 비행체 VTOL

헬리콥터처럼 수직으로 이착륙할 수 있는 비행체를 말한다. 특징은 공중에서 정지가 가능하고, 활주로가 없어도 뜨고 내릴 수 있다는 점이다. 이런 특징 때문에 도심에서 쓰이는 개인 항공기는 VTOL 방식의 기체로 운용될 것이라는 전망이다. eVTOL은 동력으로 전기를 사용하는 기체를 말한다.

기체는 양쪽에 부착된 각각의 엔진이 팬을 돌리는 구조로, 기체의 이동 방식은 오늘날의 수직이착륙 기체인 eVTOL(Vertical Take Off and Landing)과 매우 유사하다. 당시 미 육군은 이 기체를 상용화하려고 했으나 전력화하기 전 단계 테스트에서 기체의 불안정한 성능을 발견하고 양산 결정을 폐기하였다. 하지만 양산 여부를 떠나 오늘날에나 되어서야 현실화되고 있는 eVTOL을 무려 50년도 이전에 생각했던 것이니 아이디어만큼은 시대를 뛰어넘었다고 할 수 있다.

이렇게 자동차 업체들의 긴 역사를 살펴봤을 때, 자동차 기업들이 항공모빌리티 산업에 눈길을 주는 것은 전혀 이상한 일이 아니다. 오히려 배터리 등 핵심 부품에 대한 주도권을 이미 자동차 업체들이 쥔 상황이기 때문에 기존의 자동차 업체들이 더 유리하다고 보는 것이 맞다. 현재 전기차 구동의 핵심은 배터리와 모터로 변하고 있고, 자동차 산업은 이러한 동력계열 부품 기술을 개발하기 위해 움직이는 상황이다.

자동차 기업들이 동력계열 부품을 자체 개발 및 생산하려는 이유는 다음 몇 가지 관점에서 볼 수 있다. 먼저 가장 중요한 이유는 배터리의 비용 때문이다. 전동화에 꼭 필요한 핵심 부품인 2차전지는 2022년 즈음 kWh당 100달러 이하로 떨어지게 된다. 2015년까지만 하더라도 배터리 셀의 제작 비용은 kWh당 250달러가 넘었기 때문에, 이를 기반으로 대규모 제조업 분야에서 상용화하는 계획은 현실성이 떨어질 수밖에 없었다.

하지만 전기차 생산량이 같은 기간 동안 기하급수적으로 증가하기 시작하면서 배터리 셀 제작 비용이 하락하기 시작했다. 글로벌 순수 전기차 판매량은 2015년 27만 대 수준에서 2020년에는 200만 대 규모로 무려 8배나 증가했다. 당연히 기업들은 제조 단가를 낮추기 위해 가장 중요한 동력 부품들의 성능을 개선하고 비용을 낮추기 위해 움직였다. 이러한 발달은 보쉬, 덴소와 같은 자동차 부품 업체 중 선행기술을 가장 적극적으로 투자하는 회사들이 UAM에 탑재될 동력시스템에 투자하는 계기로 작용한다. 배터리와 모터 등 기존에 전기차 시장의 형성 과정에서 사용되던 부품을 새로운 생태계인 항공모빌리티 산업에서 활용할 수 있게 된 것이다.

이러한 경향은 부품 공급망을 수직 계열화한 자동차 그룹에서 특히 활발하게 이뤄지고 있다. 이미 모기업에서 필요로 하는 선행기술을 확보한 상태에서 양산체제를 구축하기 위한 물량을 독립적인 부품 업체보다 더 많이 확보할 수 있다. 자연스럽게 규모의 경제를 갖추기 쉬운 환경이라는 말과도 같다. 게다가 이미 시스템이 잘 구축된 자동차 그룹에서는 타 기업과의 협업을 통해 타깃 부품의 생산비용을 극한으로 낮추는 데 있어 특출난 경우가 많다. 실제로 기존의 내연 기관을 주로 개발하는 항공기부품 업체들은 자동차부품 업체들과의 협업 관계를 구축하기도 한다. 대표적인 예로 항공우주 시스템을 개발하는 미국의 기업 허니웰 에어로스페이스(Honeywell Aerospace)의 경우 UAM 동력시스템 구축을 위해 토요타 그룹의 부품 회사인 덴소와 협업체제를 구축하기도 했다.

한편 테슬라 CEO인 일론 머스크는 2020년 8월, 의미심장한 말을 트위터를 통해 남겼다. "약 2023~2024년에는 배터리 밀도의 수준이 400Wh/kg에 이를 것 같다"라고 남기는데, 이는 현재 260Wh/kg 수준인 테슬라의 배터리와 비교해서 약 50%가량 밀도가 올라가는 것을 의미한다. 배터리의 밀도는 배터리 용량과 직결된 부분으로 당연히 전기차의 큰 해결과제 중 하나인 주행거리와도 밀접한 관계가 있다. 일론 머스크의 발언은 현재 주행거리가 300마일 수준인 테슬라 전기차의 주행거리를 약 600마일까지 끌어 올릴 수 있다는 말과도 같다. 이뿐만 아니라 배터리의 용량이 UAM으로 사용해도 손색이 없을 수준이라는 의미도 된다. 테슬라의 행보를 지켜볼 필요가 또 생겼다.

UAM의 개발은 사실 자동차 제조 기업뿐만 아니라 다양한 모빌리티 기업들의 공통분모이기도 하다. 지금은 조비 에비에이션[Joby Aviation(이하 조비)]으로 매각됐지만, 우버는 한때 '우버 엘리베이트(Uber Elevate)'라는 유닛을 운영했었다. 당시 우버가 기체를 공급하는 회사에 주문했었던 배터리의 밀도는 약 300Wh/kg이었던 것으로 알려졌다. 이러한 수치는 현재 우버 엘리베이트를 인수한 조비의 최근 인터뷰 내용에서도 발견되었다.

현재 조비의 경우 토요타의 도움을 받아 현존하는 UAM 업체 중 가장 빠른 상업생산을 향한 페이스를 보이고 있다. 지금까지는 가장 현실적이면서도 빠른 개발속도를 보이는 중이고 배터리의 밀도 또한 270Wh/kg 수준으로 현재의 고성능 전기자동차에서 쓰는 배터리의 밀도와 동일한 것으로 밝혀졌다.

전기차에도 그렇듯이 배터리는 UAM에서도 가장 중요한 핵심 부품이다. 그만큼 마지막까지 개선의 여지가 남아 있는 부분이기도 하다. 물론 UAM은 수직 이착륙에 사용되는 에너지양이 크고, 자동차와는 다르게 공중에서의 전력 운용 형태가 완전히 다른 형태를 띠기 때문에 배터리 설계 자체가 다르기는 하다. 즉 자동차에서 사용되는 이차전지 형태를 그대로 사용하는 것은 불가능하므로 처음부터 다시 개발해야 한다. 따라서 UAM 분야의 배터리 양산은 전기차 시장의 활성화로 인해 많은 것들이 쏟아지고 있는 지금이지만, 실질적으로는 누가 이 배터리를 생산하게 될 것인가는 여전히 질문거리로 남아 있다.

에어택시 전성시대

본 적 없는 운송수단의 등장

2015년 이후 UAM이란 개념이 빠르게 상업화로 이어질 수 있었던 배경에는 항공업체들에 가해지는 항공세 압박 때문에 촉발된 차세대 기체 개발, 전기자동차 판매의 확산에 따른 전동화된 동력 시스템의 개발이 주효했다. 그 중에서 개별 업체로는 우버가 가장 큰 역할을 했다. 우버는 애초부터 '우버 에어(Uber Air)'라는 이름의 에어택시 서비스를 위한 법인을 만든다. 이것이 앞서 언급한 우버 엘리베이트의 전신이다.

우버는 우버 엘리베이트를 통해서 에어택시에 필요한 기체를 제작해 줄 수 있는 업체들을 여러 군데 모색하기 시작한다. 2020년 기체 생산과 2023년 에어택시 서비스 시작이라는 목표를 가지고 총 8곳의 생산 업체와 파트너십을 맺는다. 8곳의 파트너 업체 중에는 현대차 같은 자동차 제조기업도 있고 보잉이나 벨(Bell)처럼 항공 관련 기체를 만들던 기업도 있다. 이 중 현대차는 앞서도 언급했다시피 우버 엘리베이트에 공급할 형태의 기체인 SA-1을 공개한 바 있다. 우버가 현대차의 SA-1 기체를 비롯해 8곳의 협력 업체로부터 기체만 공급받는다면 계획대로 우버 에어 서비스를 2023년에 시작하는 것은 문제없어 보였다. 도심 공항만 확보하는 즉시 우버의 엄청난 수의 기존 고객을 기반으로 획기적인 서비스를 시작하면 그만이었다. 그러나 코로나19라는 세계를 강타한 바이러스가 퍼지면서 상황은 바뀌게 된다.

확실히 우버는 에어택시에 대한 계획과 전반적인 그림에 있어서 다른 업체들보다 훨씬 더 앞선 청사진을 그리고 있었던 것이 맞다. 이미 차량 호출서비스를 통해 운송과 수송 서비스가 가지는 잠재력을 알고 있었던 데다가, 유니콘 기업 특유의 유연한 사업 구조도 구상해놓은 상황이었다. 온라인 플랫폼만을 이용한 서비스 사업이기 때문에, 항공업체나 여타 기체 생산 업체들보다 고정자산에 대한 부담이 훨씬 적기에 가능한 구조였다.

하지만 2016년에 시작된 우버 엘리베이트의 에어택시 사업은 우버가 우버 엘리베이트를 기체 생산 파트너인 조비에 매각하면서 결국 2020년 후반부에 일단 종지부를 찍게 된다. 이유는 간단하다. 코로나19가 지속되면서 기존 사업인 차량 호출서비스에서 발생한 매출 손실이 너무 컸기 때문이다. 당장 새로운 사업에 투자할 여력이 없는 것이다. 다만 매각은 하되 조비에 약 7,500만 달러를 지분 투자했기 때문에 UAM 사업 자체를 완전히 접었다고 보기는 어렵다.

어쨌든 우버 등 앞서 있던 참여 업체가 핵심 그룹에서 빠지게 되었으나, 다른 업체들의 UAM 시장 참여는 더욱 빨라지고 있다. 이들 중 가장 앞서 있는 업체에는 미국의 조비, 아처(Archer) 등이 있고, 유럽에서는 릴리엄(Lillium), 볼로셉터(Volocpter) 등의 업체들이 시장에 본격적으로 나서고 있다. 이들이 서두르는 배경에는 현재 각 지역의 규제 당국 역시 가장 빠른 행보를 보이는 중이기 때문이다. 미국의 연방항공청(FAA)과 유럽 항공안전청(EASA)은 UAM의 상용화 시점을 2023년으로 바라보고 관련 규제를 준비하고 있다. 한국의 경우 이보다 조금 늦은 2025년을 상용화 시점으로 바라보고 있다.

아직 UAM 시장은 매우 초기 단계이며, 앞으로도 어느 정도의 파급력을 가져올지 예측하기 어려우나 몇몇 글로벌 전망 기관들은 이미 시장 규모 추정치를 언급하고 있다. 대표적으로 글로벌 투자은행 모건스탠리는 2040년 UAM 시장의 규모를 약 800조 원으로 추산했다. 현재 자동차 시장의 규모가 연간 약 3,000조 원 수준에 달하고 있고, 호출앱을 기반으로 하는 운송 시장의 규모가 이제 막 연간 110조 원에 달하고 있는 점을 감안하면, UAM시장의 규모 자체는 엄청난 속도로 늘어나리라 예상할 수 있다.

이런 흐름은 투자자들이 UAM 시장을 분석할 필요성을 시사하기도 한다. UAM 시장은 크게 세 가지로 나눠서 구분할 수 있다. 첫째는 기체 생산, 둘째는 UAM 서비스 운영 그리고 마지막은 이착륙장인 도심 항공을 운영하는 시장이다. 여기서 발생하는 부가 가치의 약 60% 이상이 UAM 서비스 운영에서 창출될 것으로 예상되고, 나머지는 기체 생산과 도심 항공 운영이 차지할 것으로 보여진다. 그러나 세계 최대 규모의 소비자 운송사업자인 우버가 이 시장을 잠시 떠난 지금은 기체 생산자가 초반부터 운송 사업권의 주도권을 쥘 가능성이 높다.

UAM은 기체 종류에 따라 에어택시의 운영 형태가 나눠진다. 현재 상용화를 앞둔 기체는 소형부터 중대형까지 다양한 형태가 있다. 물론 목적에 따라 달라지겠지만 대체로 기체의 크기가 클수록 기술적 부가 가치가 높아진다. 이 중 가장 작은 기체는 최근 중국에서 부각되고 있는 업체인 이항(E-Hang)이 사용하고 있는 멀티콥터의 형태다. 이 형태의 기체는 사실상 드론의 모습에 가깝다. 그만큼 주행거리나 속도에 있어서 단점이 존재한다. 이항의 경우 1~2명 정도가 탑승하는 것을 목표로 기체를 양산하고 있으나, 회전부인 로터의 구동방식을 바꾸지 않는 한 중형크기 이상 기체에서 요구되는 양력과 추력을 얻기는 어려운 탓에 사실상 메인스트림 이동수단으로 인정받기는 어려울 것이다.

자연스럽게 시선은 미국의 조비나 아처 등 여러 신생업체가 도전하고 있는 4~7명까지 탑승이 가능한 틸트로터로 쏠릴 수밖에 없다. 틸트로터 방식은 수직 이륙이 끝난 후에는 프로펠러의 각도가 90도로 변경되어 프로펠러가 앞을 향한 형태로 빠른 비행속도를 내는 것이 가능하다는 장점이 있다. 다만 틸트로터 방식 자체가 대형 기체에만 적용되는 만큼 실제 양산 시점은 업체들이 계획하고 있는 시점보다 늦어질 가능성도 존재한다.

현대차가 노리는 것

국내에서는 현대차그룹이 글로벌 업체들과 비교했을 때 전혀 뒤지지 않는 속도로 UAM 시장에 발을 들이고 있다. 현대차그룹은 2019년 나사의 최고위직으로 있던 신재원 박사를 전격 영입하기 시작하면서 본격적인 전략을 수립한 것으로 보인다. 현대차그룹의 사업 구조는 사실상 자동차 생산 판매 사업의 비중이 100%에 가깝다. 하지만 정의선 회장 체제로 경영진이 재편되면서 미래의 사업 비중을 자동차사업 50%, UAM 30%, 로보틱스 20%로 재편할 계획임을 언급한 바 있다. 매출 규모로만 따져봐도 현대차와 기아차의 2020년 기준 합산 매출액은 약 190조 원에 달하는데, 이 중 30%의 비중이면 사실상 50~60조 원에 달하는 규모가 되는 것이다.

특히 기아차는 UAM 사업에 적극적으로 참여하겠다는 발표를 했으며, 그룹의 UAM 총 투자 금액 중 기아차의 비중이 약 20%에 달함을 밝혔다. 기아차는 그간 집중해오고 있던 PBV 사업을 이와 연계시켜 UAM의 이착륙장을 PBV 사업모델로 발전시킬 계획이다.

한편 현대차는 지난 2021년 3월, 미국 투자 계획을 언론을 통해서 공개했다. 미국의 가장 중심부인 워싱턴 D.C.에서 사업을 전담할 현지 법인을 론칭하기 위해 총 2,000억 원을 투자했다. 이후 기아차와 현대모비스 등 나머지 계열사들도 참여할 예정인 것으로 알려졌다. 현대차가 발표한 미국 현지 법인 설립으로 알 수 있는 사실이 하나 있다. 현대차그룹이 미국 시장을 대상으로 먼저 UAM 사업을 시작할 가능성이 높다는 것이다. 워싱턴에 설립된 법인은 화물을 운송하는 무인항공시스템(UAS) 서비스를 위한 거점으로 사용될 예정이다. 현대차는 이미 지난 2020년에도 미국 델라웨어주에서 '제네시스에어 모빌리티'라는 상호의 법인 등록을 마친 상태다. 이번 미국 법인 투자는 델라웨어주에 등록한 법인의 연장선 위에 있다. 2026년까지는 미국에서 화물 운송을 주로 하는 UAM 사업을 본궤도에 올리고, 2028년부터는 사람을 대상으로 운송 사업을 직접 할 것으로 보인다. 특히 기체 제작뿐만 아니라 플랫폼을 통한 운영사업까지 그룹이 직접 영위하는 비즈니스 모델을 운영할 것으로 보인다. 마치 과거 우버 엘리베이트가 추구했던 형태가 떠오르는 대목이다.

한편 오늘날의 공항은 그대로 운영되는 가운데, 향후에는 도심 항공 형태의 공항이 새로운 사업 영역으로 등장할 예정이다. 현대차는 2020년 8월 영국의 어번 에어포트(Urban Airports)와의 계약을 통해 UAM 인프라에 대한 투자 계획을 밝혔다. 이 프로젝트는 에어 원(Air One)이라 불리며, 주요 사항은 eVTOL 형태의 UAM 전용으로 운영하는 도심 항공을 만들려는 계획일 뿐만 아니라 택시, 승차 공유 등 다양한 모빌리티 사업을 통합적으로 운영하겠다는 계획이다. 국내에서는 현대차그룹의 계열회사인 현대건설이 적극적으로 UAM 이착륙장 사업에 진출하고 있는 한편 인천국제공항공사는 인천공항과 연계된 UAM 인프라의 구축하고 운영하는 사업을 구상하고 있다. 국토부 계획에 따르면 2026년이면 사업의 결과가 뚜렷하게 드러나고, 2028년이면 본격적인 상업화가 진행될 것으로 보인다.

지금까지 다양한 측면에서 UAM 시장을 알아봤다. 하지만 좀 더 명확히 관련 기업들의 비전을 분석하기 위해서는 알아야 할 것이 하나 더 남았다. 바로 UAM 기체들이 다니는 '항로'다. 현재 UAM 기체들이 다니는 항로는 세 가지로 분류할 수 있다. 가장 근거리인 형태이자 도심 안에서 이동하는 '인터씨티' 형태의 에어택시, 그보다 조금 더 먼 거리를 이동하는 '도심지-공항' 항로 그리고 가장 장거리 비행을 하는 형태로 '도심지 간 이동', 이렇게 세 가지로 나눌 수 있다.

현대차그룹은 이중 특히 중/장거리 형태인 도심지-공항, 도심지 간 이동을 위주로 한 기체생산과 서비스에 나설 예정이다. 도심 내 이동은 대부분 근거리인 경우가 많고, 빠른 속도의 기체가 필요하지 않기 때문에 기존의 멀티콥터 형태의 기체가 주를 이룰 가능성이 크다. 그러나 주행 거리가 길어질수록 기체는 결국 주행 거리에 대한 압박이 생길 수밖에 없다. 이 부분에서 현대차그룹의 전략을 미리 살펴볼 수 있다. 현재 현대차그룹은 도시 간 운송에 필요한 하이브리드 파워트레인을 제작해서 사용할 계획을 드러내고 있다.

현대차그룹은 다른 자동차 회사나 UAM 경쟁업체와는 다르게 이미 수소 연료 전지 시스템을 갖고 있으므로 이에 따른 이점을 살리려는 전략을 쓰는 것이다. 도심 간 운행의 경우, 현재 가장 빠른 페이스로 상업화를 향해 달려가는 중인 조비의 기체가 약 260km가량 주행이 가능한 것으로 알려져 있다. 그러나 수소 연료 전지 시스템을 추가해 활용할 경우 약 400km에 달하는 주행거리를 확보할 수 있을 것으로 기대된다. 물론 수직이착륙 시 집중적으로 발생하는 에너지 공급에는 수소 연료 전지 시스템이 적합하지 않기 때문에 현대차그룹은 이를 순간적으로 높은 양력을 구현하는 데 적합한 배터리 시스템과 통합해 사용할 계획인 것으로 보인다. 현대차그룹이 판매하는 수소 트럭에서 이미 이런 하이브리드 동력 기관을 사용한 전례가 있으니 개발에는 큰 문제는 없어 보인다.

마찬가지로 여러 스타트업들은 수소 연료 전지를 활용해서 UAM을 상용화를 촉진시키고 있다. 이 중 미국의 한 스타트업인 하이포인트(Hypoint)가 제시한 수소 에너지 시스템은 에너지 밀도가 무려 500Wh/kg까지 끌어올린 제품이라고 하며, 이미 2022년부터 eVTOL 및 항공업체들로 공급할 계획이 잡혀 있다고 한다.

라스트 마일 딜리버리 혁신

아마존이 죽스를 인수한 이유

2020년 6월, 아마존은 미국의 자율주행 스타트업 업체인 죽스를 12억 달러에 인수했다. 애당초 자율주행 차량을 직접 생산할 계획까지 갖고 있던 죽스는 2020년 코로나19로 인해 2018년에 32억 달러까지 치솟았던 몸값에 비해 한참 헐값에 매각되었다. 코로나19가 엄청난 속도로 확산되고 있었기 때문에 사실상 많은 업체들이 자율주행 테스트조차 제대로 실행할 수 없었기 때문에 기업의 가치가 확 떨어진 것이다.

사실 아마존의 죽스 인수는 갑작스럽게 정해진 사항이 아니다.

아마존은 오래전부터 자율주행에 대해 큰 관심을 보여왔고, 지속적으로 관련 기업에 투자해왔다. 그렇다면 왜 아마존은 이 시장에 오래도록 관심을 보였을까? 이유는 간단하다. 만약 아마존이 자율주행을 통한 배송 시스템을 구축한다면 경쟁 업체들과 비교했을 때 압도적인 경쟁력을 갖출 수 있기 때문이다. 아마존은 현재 엄청난 규모의 경제와 경쟁사보다 빠르게 온라인 시장에 진입한 덕에 유통 시장에서 압도적인 지위를 갖고 있다. 그러나 이러한 성장의 배경 뒤편에는 여전히 물류에 들어가는 비용을 효율적으로 최적화하지 못한 것에서 생기는 불안감도 존재한다.

아마존의 영업이익의 상당한 부분이 데이터센터 사업인 AWS를 통해서 발생하고 있다. 이를 제외하고 리테일 사업에서 발생하는 영업이익만으로는 지금의 거대한 기업 가치를 설명하기 힘들다. 2020년의 기준으로 아마존의 연간 영업이익은 약 229억 달러 정도다. 이 중 AWS에서 발생한 영업이익의 규모만 무려 135

아마존웹서비스(AWS)

클라우드 컴퓨팅 서비스를 주력으로 하는 아마존의 자회사다. AWS는 대량의 서버, 저장소, 네트워크 장비를 구매해놓고 사용자에게 인프라를 대여해준다. 사용자는 사용한 인프라만큼만 비용을 지불하면 된다. 클라우드 컴퓨팅은 모빌리티의 운영체제, 소프트웨어를 비롯해 인공 지능, 사물인터넷 등 미래 기술에 안 쓰이는 곳이 없는 중요한 인프라다. 이 시장에서 현재는 아마존이 선두를 달리고 있으며 그 뒤로는 마이크로소프트, 구글이 쫓아가는 모양새다.

억 달러에 달한다. 반면 리테일 사업에서의 영업이익은 총 93억 달러에 불과하고, 영업 이익률은 겨우 2.7%밖에 되질 않는다. 따라서 아마존 입장에서는 AWS를 제외한 유통 사업에서의 이익을 확대하는 것이 시급한 상황이다.

그간 아마존의 온라인 쇼핑에서 발생하는 물류비용은 기하급수적으로 증가해왔다. 2010년에는 총 온라인 매출액 중 물류비용이 차지하는 비율은 16%에 불과했지만, 2019년에는 무려 31.8%까지 증가했다. 매출의 급격한 상승에 분명 비용 효율화를 이뤄냈음에도 아직까지 이 비중은 더 증가할 여지가 남아 있다. 사실상 향후 기업 가치의 방향성은 이러한 물류 비용의 감소 여부에 크게 좌지우지할 수 있는 상황이다. 아마존은 예전부터 이러한 물류에서 발생하는 비용을 감소시키기 위해 다양한 노력을 해왔다. 2013년부터 아마존은 드론을 통한 배달에 크게 투자해왔고, 그 결과물을 2022년부터 사람들에게 선보일 계획이다. 2012년에는 로봇 생산업체인 키바 시스템(Kiva System)을 인수해서 자동화 시스템을 풀필먼트* 센터에 도입하고 있다. 애초부터 키바는 다른 대형 유통업체들의 물류창고에 로봇을 공급하는 회사였으며, 현재는 아마존 로보틱스(Amazon Robotics)로 사

---

* 풀필먼트(Fulfillmnet): 물류 전문업체가 판매자 대신 주문에 맞춰 제품을 선택하고 포장한 뒤 배송까지 마치는 배송 방식을 의미한다.

명을 바꾼 후 오로지 아마존의 풀필먼트 센터만을 위한 로봇을 제작하고 있다.

아마존의 물류비용을 아끼기 위한 노력은 다양한 분야에서 이뤄지고 있다. 아마존은 도로 운송 분야에서 라스트 마일 딜리버리*와 자율주행 트럭이라는 두 가지 방향성을 가지고 비용을 절감하려하고 있다. 이 중 자율주행 트럭 분야의 경우 그동안 아마존의 투자 레코드를 보면 쉽게 짐작할 수 있다. 2019년 2월 아마존은 자율주행 스타트업 업체인 오로라에 투자했고, 이어 전기자동차 업에 리비안(Rivian)에는 무려 7억 달러를 투자했다. 오로라의 경우 아직 상용화된 비즈니스 모델이 아니지만, 리비안은 이미 전기차를 시장에 내놓은 기업인 만큼 당장의 이득을 취할 수 있기에 그만한 투자 가치가 있다고 아마존이 판단한 것이다. 투자 소식 이후 리비안이 아마존으로 총 10만 대의 자율주행 트럭을 공급한다는 소식이 들리면서 투자자들의 마음을 설레이게 하기도 했다.

2019년의 기록상 아마존은 총 5만 대가량의 차량을 운행 중인 것으로 알려졌는데, 앞으로는 이 운송용 차량을 차량 제조단계부터

---

* 라스트 마일 딜리버리(Last Mile Delivery): 주문한 물품이 배송지를 떠나 고객에게 직접 배송되기 바로 직전의 마지막 거리. 유통에서 가장 많은 비용이 발생하는 부분이다.

오로지 아마존만을 위해 만들어진 자율주행차로 운영하겠다는 것이다. 여기서 다시 아마존의 투자가 빛을 발한다. 리비안은 전기차 업체임과 동시에 역시 앞선 자율주행 시스템을 보유하고 있는 회사이므로 향후 아마존의 계획에 큰 힘을 더할 것이다. 만약 아마존이 운송용 차량을 전기로 구동되는 자율주행차로 모두 교체한다면, 기본적으로 유지보수비가 내연 기관 차량보다 적게 들기 때문에 엄청난 운영 비용과 인건비의 절감을 기대할 수 있을 것이다.

여기서 한 가지 궁금증이 든다. 아마존은 리비안에 투자하면서 자율주행차와 전기차 부문에서 경쟁력을 끌어 올릴 방안을 마련했다. 그렇다면 자율주행업체 죽스는 도대체 왜 인수했을까? 바로 아마존의 물류비용 절감을 위한 전략이 차량에 국한되지 않기 때문이다. 죽스는 아마존이 인수할 당시에도 이미 레벨 5 수준의 자율주행 능력을 개발할 저력이 있는 것으로 공개되었고, 이르면 2023년 즈음해서 자율주행 로보택시 서비스를 론칭할 계획이었다. 한편 아마존은 이미 라스트 마일 딜리버리에서 발생하는 비용을 감소시키기 위해 자체적으로 인도에서 이동하는 자율주행 배달 로봇인 '스카우트(Scout)'을 개발해왔는데, 죽스로부터 흡수한 자율주행과 관련된 기술은 이 배달 로봇의 성능을 끌어올리고, 출시 시기를 앞당기는 데 사용될 예정이라 한다. 참고로 2019년 말 기준으로 아마존과 직간접적으로 채용된 배달 기사의 숫자는 약 7만 5,000명 정도이다. 전체 숫자의 절반을 자율주행차로 대체한다고 가정하면, 드라이버들의 평균 연봉인 6,000만 원을 기준으로 아마존은 연간 30조 원 수준의 물류 비용을 절감할 수 있을 것으로 예상된다.

◆ 아마존의 물류비용과 매출에서 차지하는 비중:
결국 아마존의 승패는 물류비용 축소에 달렸다

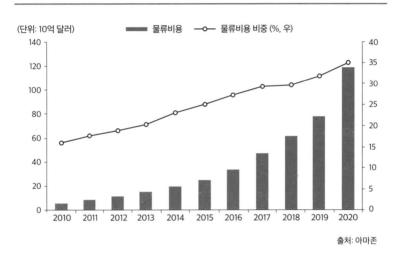

출처: 아마존

라스트 마일로 몰려드는 도전자들

지난 10여 년에 걸쳐 배송 시장에서는 큰 변화가 나타나고 있다. 현재는 자동차 업체들이 시장에 적극적으로 참여하기 시작했다. 기존에 자신들이 해오던 사업과 전혀 다른 비즈니스에서 새로운 기회를 얻고자 하는 중이다. 이 시장에서의 핵심 키워드는 '라스트 마일 딜리버리'다. 배송 과정 전반이 아닌 배송의 마지막 부분을 뜻하는 말로 배송과 판매 서비스의 핵심영역이기도 하다.

글로벌 컨설팅 기업 PWC의 조사에 의하면, 딜리버리 프로세스에서 발생하는 비용 중 50%가 바로 이 라스트 마일에서 발생한다. 시간과 인건비와의 싸움인 배송 시장은 자동차 업체들뿐만 아니라 수많은 신규 업체들이 군침을 흘리는 중이다.

먼저 자동차 업체들의 변화를 살펴보면 다음과 같다. 글로벌 대표 운송업체들인 UPS, DHL, 페덱스(Fedex)의 배송용 차량의 운행 규모는 총 50만 대 수준에 달한다. 이 기업들은 해당 차량을 앞으로 전부 전기차로 교체할 생각을 하고 있다. 운송업체 입장에서도 운영비용에서 큰 비중을 차지하는 연료비를 감안하면 전기차로 교체하는 것 외에는 다른 선택의 도리가 없다. 규제 측면에서도 이런 경향은 뚜렷하게 나타나고 있다. 기본적으로 유럽과 미국 모두 이산화탄소 규제가 갈수록 강화되고 있다. 그러므로 대형 운송업체들의 대규모 차량 교체는 기정사실이나 마찬가지이고, 자동차 업체들은 전기차에 투자를 집중할 수밖에 없다.

일반적으로 지금까지 자동차 회사의 기업가치는 세단이나 SUV

등 대부분 일반 소비자용 차량의 판매량에 의존해왔는데, 앞으로는 운송에 쓰이는 밴의 중요도가 현격히 올라갈 것이다. 일례로 포드의 경우 자사의 밴인 '트랜짓(Transit)'의 전동화를 가장 먼저 진행하기로 결정했다. 배송 시장이 큰 미국에서는 배송 전용 차량에 대한 경쟁이 그만큼 매우 치열하다는 방증이다.

2020년 기준으로 미국의 대형 밴의 판매량은 연간 46만 대를 기록하고 있다. 특히 포드의 트랜짓은 이 시장에서 약 30%의 비중을 차지하고 있다. 총 46만 대 규모의 대형 밴 시장은 포드, GM, 피아트 크라이슬러, 닛산, 다임러 이렇게 5개의 브랜드로만 이뤄져 있을 정도로 보수적이고, 과점화되어 있다. 하지만 최근에는 급증하는 수요와 전동화의 흐름이 구체화되면서 스타트업 업체들도 시장에 도전장을 내밀고 있다. 리비안, 카누, 어라이벌(Arrival) 등이 대표적으로 최근 자본 시장에서의 큰 투자를 등에 업고 시장에 발을 들이고 있다. 이러한 스타트업 업체들의 특징은 기존의 자동차 제조사들에 비해 낮은 가격에 차량을 공급하는 것이며, 최근 SPAC*을 통해 상장 예정인 일레트릭 라스트 마일 솔루션(Electric Last Mile Solution)은 이미 기존의 경쟁 내연 기관차보다 압도적으로 싼 가격을 공급가로 책정하며 시장에 뛰어들고 있다.

---

* 기업인수목적회사(SPAC): 비상장기업 인수합병을 목적으로 하는 페이퍼 컴퍼니.

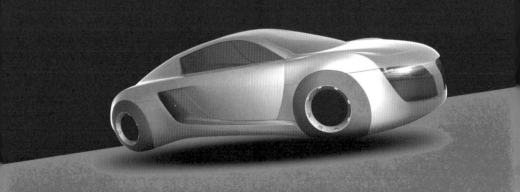

MOBILITY

5장

모빌리티
사이클 혁명

MOBILITY

더 이상 자동차를
만들지 않는다?

자동차 생산 방식의 변화

최근 전기차 회사 피스커의 CEO는 로이터 통신과의 진행한 인터뷰에서 이렇게 말했다. "일반적으로 자동차 회사는 부품 선정을 위해 부품 업체 전부와 만납니다. 이 작업만 해도 1년 정도 걸리죠. 그렇지만 우리는 시간이 없습니다." 피스커는 'BMW Z8', '애스턴 마틴 DB9' 등 자동차 역사에 길이 남을 굵직한 스포츠카들을 디자인하며 유명세를 날렸던 디자이너 헨릭 피스커(Henrik Fisker)가 2016년에 설립한 회사다. 원래 헨릭 피스커는 2007년 미국에 전기차 회사인 '피스커 오토모티브'를 세운다. 지금 보면 테슬라의 CEO 일론 머스크가 당시 막 테슬라에 합류해서 로드스터 양산에 나서던 시점이니 피스커의 관점은 시대를 한참 앞섰다고 할 수 있다.

그러나 테슬라는 여러 어려움을 극복하고 결국 현재의 위치까지 달려왔지만, 피스커 오토모티브의 경우 잇따른 자금난으로 인해 결국 중국의 완샹그룹에 매각된다. 현재의 피스커는 그 이후 새롭게 출발한 새로운 회사이다. 현재는 마그나와 폭스콘과 각각 협력해서 피스커의 차량을 공동개발하고 위탁 생산을 해주고 있다.

다시 인터뷰의 이야기로 돌아오면, 앞서 언급한 인터뷰에는 의미심장한 뜻이 담겨 있다. 그만큼 전기차 시장이 개화하는 속도가 엄청나게 빠르고 진입 중인 경쟁업체들도 많다는 것을 의미한다. 자동차 회사는 통상적으로 연간 30만 대를 생산할 수 있는 자동차 공장을 생산하는 것에만 약 1.5년이 걸리고, 생산 전후에 걸쳐 당국의 규제, 인허가와 관련된 문제로 엄청난 시간이 소요되고, 부품 공급업체들과의 공급시간을 고려한 거점을 확보하기 위해서도 상당한 시간이 든다.

그런 이유로 자동차 업체들은 통상적으로 차량 제조 공정의 일부를 위탁하는 방식을 많이 차용하는 것이다. 또한, 자동차 부품의 공급이 조립업체인 자동차 회사가 원하는 시간에 원하는 만큼 일사

천리로 이뤄져야 하므로 완성차 생산공장과 부품 업체의 생산공장 위치는 매우 중요하다. 그러나 현재 자동차 산업에 신규로 진입하는 업체들은 사정이 다르다.

우선 자금 사정이 완전히 다르다. 자동차 공장은 일반적으로 프레스(Stamping) – 차체조립(Welding) – 도장(Paint) – 의장(Assembly) – 검수(Inspection) 등 총 다섯 개의 공정을 수행하는 공장으로 나눌 수 있다. 특히 프레스와 차체조립 과정에서는 상당한 설비투자가 요구되며, 그 금액은 대략 1조 5,000억 원가량이 든다. 물론 전기차의 경우 생산 프로세스의 일부가 감소하긴 하겠지만, 여전히 수천억 원에 달하는 비용이 발생한다. 스타트업 입장에서는 부담되는 금액일 수밖에 없다. 따라서 생산을 대신해줄 수 있는 업체와 파트너십을 맺고 공정을 위탁하는 경우가 종종 있는데, 피스커가 바로 그런 경우다. 이외에도 중국의 전기차 업체 니오의 차량은 광저우 모터스가 초기 생산을 담당한 것도 비슷한 사례도 들 수 있다.

물론 자동차 산업에서는 이러한 방식의 위탁 생산 방식이 기존에 아예 없던 것은 아니다. 기존의 위탁 생산 방식은 일반적으로 완성차가 생산 마진을 확보할 수 없는 소형차들을 주로 타 사업자가 생산해 주는 형태가 많았다. 예를 들어 마그나의 위탁 생산 물량 대부분 역시 BMW의 소형 브랜드인 '미니'를 주로 생산하는 것처럼 말이다. 다른 예를 들면 기아차 역시 동희오토에서 모닝을 생산하고 있다. 기아차의 생산직 임금으로는 소형차 생산을 통해서는 도저히 손익분기점 돌파가 어렵기 때문이다.

이처럼 기존의 위탁 생산은 생산 방식의 일부이지 주류라고 보기에는 어려웠다. 하지만 전기차 위탁 생산 시장은 생각보다 빠르게 파이를 키워나가고 있다. 내연 기관에서 전기차로의 변화가 모두의 예상보다 빠르게 진행되고 있고, 이 시장에 진입하고자 하는 신규 업체들이 많다 보니, 시간을 아낄 수 있는 위탁 생산 방식을 선호하게 된 것으로 보인다. 특히 신흥국의 경우 자동차 생산에 대한 노하우가 없는 경우가 많으므로 위탁 생산 전문 업체에 생산 의뢰를 하는 수밖에 없다. 위탁 생산 사업이 확장하기에는 최적의 타이밍이 형성되고 있다.

최근에 특히 시장에서 눈에 띄는 위탁 생산 업체들은 캐나다의 마그나와 대만의 폭스콘이다. 마그나는 이미 연간 차량 생산 능력이 40만 대가 넘어간다. 기존의 BMW와 벤츠의 차량을 위탁 생산하는 것 외에도, 재규어의 'I-Pace', 피아트 크라이슬러의 'Pacifica' 등을 생산하고 있다. 특이점은 이 두 모델 모두 알파벳의 자율주행 자회사인 웨이모로 공급되는 차량이다. 또한, 중국의 북경기차와 전기차 생산 합작 회사인 'BJEV'를 설립해서 연간 18만 대 규모의 차량을 제작하고 있고, 베트남의 대기업 빈그룹의 자동차 계열업체인 빈패스트에 생산에 필요한 엔지니어링을 공급하는 계약도 맺은 바 있다.

폭스콘의 경우 애플의 스마트폰 생산업체로 유명한데, 이미 중국에서는 지리자동차와 자율주행 전기차 생산을 위해 합작 회사를 연초에 설립하기로 협의했다. 이 합작 회사에서 생산되는 자동차는 지리자동차로 공급되는 게 아니고, 신생 전기차 업체인 패러데이 퓨처(Faraday Future)로 공급될 전망이다.

자동차 산업은 지난 반세기 동안 산업을 과점해왔던 대형 브랜드들의 움직임에만 스포트라이트를 비추는 경향이 있다. 이는 실제로도 GM, 폭스바겐, 다임러 등이 산업의 트렌드를 주도해왔고, 이에 따라 산업의 방향성이 결정되는 경향 때문이긴 하다. 그러나 이제는 IT업체들도 본격적으로 시장에 진출하고 있으므로 이러한 위탁 생산 방식의 시장이 의미 있는 비중을 차지하게 될 가능성이 크다. 대표적으로 현재 자동차 업체에 진출을 선언한 IT 업체 중에는 중국의 샤오미(Xiaomi)가 있다. 이들은 단순히 완전자율주행이 가능한 로보택시를 만들겠다는 계획은 아니고, 레벨 2~3 수준의 기능이 탑재된 전기자동차를 판매하겠다는 전략이다. IT 업체들은 자동차 부품의 전동화, 콕핏 모듈의 전장화 등을 기회로 삼아 자동차 부품 산업에 슬금슬금 자리를 잡고자 했고, 이미 본격적으로 진출해 있다고 볼 수 있다. 특히 ADAS 시장에는 이미 많은 IT 업체들이 포진해 있다.

하지만 여기서 한 발자국 더 나아가 자동차 제조사가 되는 일은 스케일이 완전히 다르다. 사업 초반의 엄청난 재무적 압박을 견뎌내면서도 혁신기술이 조합된 대량 양산과 브랜드로서의 가치를 확보하지 못하면 실패로 끝날 게 불 보듯 뻔하다. 인포테인먼트를 중심으로 해서 클라우드 컴퓨팅과 각종 센서, 배터리 등이 탑재된 차량은 자체가 하나의 스마트폰 디바이스처럼 되어가는 지금의 상황이 그나마 자동차 제조사가 되고자 하는 IT 기업으로선 최적의 시기라고 볼 수 있다.

앞서 말한 샤오미의 경우 앞서 피스커와 마찬가지로 차량 설계는 직접 하되, 중국의 대형 자동차 회사인 장성기차를 통해 위탁 생산 방식으로 차량을 공급받기로 했다. 우리에게 친숙한 소니는 2020년 처음 '비전 S(Vision-S)'라고 부르는 전기 자동차 콘셉트를 공개했다. 현재까지 소니는 비전 S를 대량 양산하지 않을 것이라 말하고 있다. 소니는 전기차를 소량만 생산함으로써, 핵심 부품에 대한 노하우를 갖추는 것이 비전 S 개발의 주된 목표라고 최근에 밝힌 바 있다. 소니는 좀 특별한 경우로, 소니의 전략은 IT업체들의 자동차 산업 진출전략 중에는 매우 조심스러운 편에 속하나, 장기적인 관점에서 큰 미래를 보고 자동차 시장에 뛰어든 것으로 보인다.

테슬라의 판매 혁신

다른 지역에서도 대부분 비슷하지만, 미국에서 자동차 판매는 자동차 제조 기업의 영역이 아니다. 자동차 회사는 자동차를 생산만 할 뿐, 판매는 딜러가 한다. 따라서 프랜차이즈 법에 근거해서 신차 판매는 선정된 딜러만 판매 권한을 갖는다. 지난 수십 년간 자동차 산업의 한 축을 담당해왔던 딜러들은 신차 판매뿐만 아니라 중고차 판매 그리고 판매한 차량의 A/S까지 담당해왔다. 이 중 자동차 A/S 사업은 특히 내연 기관 자동차에서 많이 발생하는 편이다. 엔진과 변속기를 기반으로 제조되는 내연 기관 차량은 이 구동계열에서 발생하는 문제가 제법 많고 자연스럽게 정비에는 부품이 필요하다. A/S를 통해 발생하는 물류나 공임비 등의 영역은 그간 딜러들의 영역이었고, 오랫동안 이 부분에서 발생하는 이익을 독점했다고 보는 것이 맞다.

그러나 이러한 구조는 전기차 판매가 본격화되면서 변할 가능성이 생겼다. 온라인 판매는 이러한 구조의 근본을 흔들고 있다. 그 변화의 주인공은 바로 테슬라다. 테슬라는 현재 자동차 딜러를 통해 차량을 팔지 않고, 온라인으로 직접 소비자에게 판매하는 방식을 취하고 있다. 반대로 소비자는 딜러가 아닌 테슬라 스토어를 찾아가면 된다. 일론 머스크는 기존 자동차 산업의 관례인 딜러십 판매를 진행하지 않기 위해 미국 여러 주에서 엄청난 소송전을 펼친다. 이런 소송전은 테슬라의 초창기부터 시작되었기 때문에, 사실상 테슬라는 설립 이후부터 최근까지도 미국의 모든 주에서 소송을 벌여왔다고 볼 수 있다. 테슬라는 결국 대부분 주에서 승소해서 이미 많은 자체 판매망을 갖추고 있다. 자체 판매망을 갖추고 있다는 구조는 판매 이후의 A/S도 자체적으로 해결한다는 것을 의미한다. 즉 이후 서비스 센터에서 발생하는 부품 공급도 자체 서비스 센터를 통해 이뤄지고, 이는 자연스럽게 다른 자동차 회사들 대비 높은 이익 확보로 이어질 수 있다. 따라서 상당수의 테슬라 스토어는 테슬라 서비스 센터와 같이 있는 경우도 많다.

만약 2022년부터 테슬라가 자체 생산하는 '4680 배터리'의 양산이 시작되면 일반 자동차 업체와 비교했을 때 월등히 높은 수직 계열화율을 확보하게 되

 4680 배터리

테슬라가 2020년 9월에 발표한 차세대 배터리다. 4680의 뜻은 지름이 46mm, 길이가 80mm라는 뜻이다. 중요한 점은 기존의 배터리보다 용량이 5배, 출력이 6배, 주행거리는 16%가량 늘어난 것이다. 심지어 크기는 기존 배터리에 비해 훨씬 작다. 배터리는 전기차의 비용 중 가장 큰 부분을 차지하고 있다. 2019년 자료에 의하면 테슬라가 사용하는 배터리의 가격은 1Kwh당 156달러다. 하지만 4860 배터리가 상용화되면 이 가격이 100달러 밑으로 내려간다. 이 가격은 굉장히 중요한 의미를 지닌다. 바로 기존의 내연 기관 차량과 비교했을 때 가격 경쟁력을 가질 수 있기 때문이다.

고, 자연스럽게 높은 수익성으로 직결될 수밖에 없다. 일반적으로 자동차 회사들은 그동안 딜러십과 차량의 생산부터 중고차 판매까지 이익을 공유해왔다면, 테슬라는 신차 판매, A/S, 심지어 중고차 판매에서 발생하는 이익까지도 모두 가져가겠다는 셈이다.

테슬라를 시작으로 최근 자동차 시장에 진입하고 있는 모든 자동차 스타트업은 대부분 이러한 형태의 비즈니스 모델을 추구하고 있다. 피스커와 로즈타운, 리비안, 루시드 등 이미 전기차를 양산했거나 곧 양산하는 기업들은 앞다퉈 딜러십 판매망을 이용하지 않겠다고 발표하고 있다. 2021년 생산이 임박한 업체 중 자동차 판매를 위한 '쇼룸(Showroom)'을 만든 기업에는 딜러십들이 보낸 소송장이 이미 도착해 있다고 한다.

그만큼 미국은 주마다 보수적인 성향이 강한 자동차 딜러 협회가 있는데, 일반적으로 이들은 자신들이 위치한 주의 속한 수많은 딜러를 대표한다. 예를 들어 일리노이주의 자동차 딜러 협회는 최근 시카고에 판매를 위한 쇼룸을 만든 리비안에게 소송을 건 상태다. 소송에 대한 배경은 일반적으로 제조사의 직접판매는 고용에 악영향을 주고, 소비자의 보호를 악화시킨다는 것이다. 이 때문에 리비안과 같이 새로 진입하는 회사는 이러한 강력한 딜러십들의 반대에 부딪혀 판매 시점이 지연될 가능성이 언제든지 존재한다. 다만 테슬라가 그랬듯, 신규진입 기업들도 회사 설립단계부터 이러한 반대 의견을 감안하고 설립했기 때문에, 각각의 논리로 무장하고 있다. 궁극적으로는 이러한 소송건을 시간이 흐르면서 점차 해결해나갈 것으로 보인다. 예를 들어 콜로라도주의 경우 리비안의 직접 판매를 허가했는데, 이러한 배경에는 최근 그들이 발표한 수십 군데의 전기차 충전소 건립이 조건으로 포함된 것으로 알려졌다.

한편 GM, 포드, 토요타, 현대차 등 전통의 강호들은 지금과 같이 딜러를 통한 판매를 이어나갈 것으로 보인다. 현대차만 하더라도, 이미 미국 전역에 930여 개의 딜러십을 통해 신차 판매를 하는 구조다. 그러므로 전기차 판매가 새롭게 시작된다 하더라도 여전히 이들을 통해 판매하는 형태가 될 것이다. 일단 기본적으로 자체 서비스 센터를 구축하고 있지 않기 때문에 지금 와서 자체 판매를 시작할 수도 없을 것이다.

또한, 자동차 딜러십 대부분이 아직 전기차 판매에 대해 매우 비관적일 수밖에 없으므로 시장 형성기에는 딜러십들의 전기차에 대한 선호도도 떨어질 것이다. 딜러십들은 워낙 보수적 성향이 강한데다 전기차 판매로 얻는 이득 자체가 훨씬 적을 것이기 때문이다. 게다가 아직까지 엔진의 수명이 훨씬 길어 이에 따른 A/S 수요가 많기 때문이기도 하다. 따라서 전기차 시장 초기 단계에서는 이들 딜러와 제조사 간 불협화음이 일부 발생할 수 있다.

격변하는 중고차 시장

2019년 기준, 전 세계 중고차 시장 규모는 약 1조 5,000억 달러 수준으로 추정된다. 신차 시장 규모의 절반에 가까운 수준으로 비슷한 규모의 시장을 찾기 힘들 정도로 아주 큰 규모의 시장이다. 그중 가장 다이나믹한 시장은 단연 미국 시장이다. 미국 통계국의 조사에 따르면 2019년 미국 중고차 시장의 규모는 8,410억 달러에 달한다고 한다. 단일 산업의 규모로는 실로 거대한 규모이며, 심지어 미국의 신차 시장의 규모인 6,360억 달러를 넘어섰다. 게다가 중고차 시장은 전반적인 경제 상황의 척도로도 작용하는 만큼 중요도는 더욱 올라간다.

중고차 시장은 2020년을 기점으로 드라마틱한 반전이 시작되었다. 이 반전의 촉발점은 역시 코로나19다. 코로나19가 미국을 강타한 3월경, 렌터카 회사들의 손실은 빠르게 커지기 시작한다. 심지어 가장 건전하지 못한 재무 구조를 재무구조를 갖추고 있던 허츠는 파산 보호 신청에 들어갈 정도였다. 이런 상황에서 매출 기반의 절반 가까이가 공항에서 발생하는 미국의 렌터카 업체들은 현금 확보를 위해 보유한 차량들을 중고차 시장에 쏟아내기 시작한다. 당연히 중고차 가격은 하락했다.

2020년 1월까지만 하더라도 중고차 가격 지수인 맨하임 인덱스는 141.6을 기록하다가 코로나19가 심해진 2020년 4월에는 125.8까지 단숨에 내려갔다. 그러나 이를 저점으로 다시 중고차 지수가 140으로 올라오기까지는 2개월이 채 걸리지 않았다. 이후 2021년 4월에는 무려 190이라는 수치를 기록한다. 차량 가격 자체가 코로나19 이후 1년 만에 거의 35%에 가까운 상승률을 보인 것이다. 백신 접종이 본격화되면서 재택근무를 끝내고 일상으로 전환하는 회사들이 하나둘씩 나타나고 있어 차량의 수요는 늘어나고 있다. 하지만 신차의 생산량 자체가 증가하지 않는 지금, 사람들의 시선은 자연스럽게 중고차 시장으로 향할 수밖에 없다.

◆ 맨하임 인덱스:
상승세를 보이는 미국 중고차 가격 지수

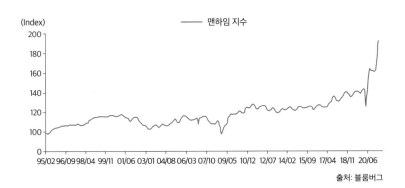

출처: 블룸버그

중고차 가격 상승의 배경에는 역사상 최대 규모의 소비촉진을 위한 부양책 효과, 자동차 업체들의 공급 부족에 따른 가격 인상 등이 골고루 반영되어 있다. 그러나 실질적인 중고차 판매를 견인하고 가격을 끌어 올린 핵심 요인은 바로 온라인 판매의 증가에 있다. 자동차 산업은 그 보수적 성향으로 인해 판매 채널에서의 디지털화가 특히 느렸다. 그나마 신차 시장에서는 온라인을 통한 판매 비중이 16%나 되지만, 중고차 시장에서는 1%도 채 되지 않았다. 그만큼 중고차 시장은 더욱더 보수적이다.

그러나 반대로 생각해서 온라인을 통한 중고차 판매가 활성화된다면, 이를 이끄는 업체는 엄청난 수익을 올릴 기회를 얻을 수 있음을 뜻하기도 한다. 미국의 중고차 시장은 연간 4,000만 대 규모로, 신차 시장의 약 2.5배가량의 규모다. 반면 이중 개인 간 거래가 무려 50%에 달하고, 상위 100개 딜러가 9%의 시장 점유율을 보유한 구조다. 즉 기존의 중고차 시장에서는 과점사업자가 존재하지 않는 구조고, 가장 큰 업체인 카맥스(Carmax)의 경우에도 총 시장 점유율이 2% 미만에 그친다.

게다가 코로나19가 창궐하고 있는 환경에서는 누구나 자동차를 온라인으로 구매하길 원한다. 또한, 미국의 특성상 오프라인 딜러들은 소비자로부터 멀리 위치해 있는 경우가 부지기수고 소비자가 원하는 차량이 없는 경우도 대다수이다. 그래서인지 중고차 시장에서 소비자들의 오프라인에 대한 인식 자체가 좋지 않다. 이러한 환경에서 몇몇 온라인 업체들은 현재 상황을 십분 활용해서 시장 내에서 확실한 포지션을 구축할 것으로 보인다. 미국 최대 중고차 업체인 카맥스의 경우 기존 오프라인 사업 외에도 온라인 사업으로의 진출을 하기는 했지만, 완전한 전환은 하지 못한다. 애초에 오프라인 매장이 많기 때문이다. 반면 카바나(Carvana), 브이룸(Vroom), 시프트 테크놀로지스(Shift Technologies)와 같은 순수 온라인 업체들은 장기적으로 과점사업자로 발전할 가능성이 높다. 투자자라면 이 업체들의 행보를 주목할 필요가 있다.

◆ 미국의 신차 시장과 중고차 시장 비교:
중고차 시장의 온라인 침투율은 현저히 낮은 편

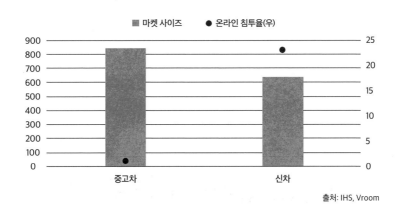

출처: IHS, Vroom

MOBILITY

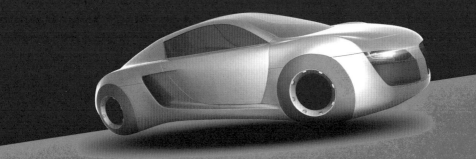

6장

모빌리티 시장에서 앞서 나간 기업들

시장의 선두주자들

우버: 차량 공유의 끝판왕

세계적으로 유명한 모빌리티 기업 중 하나인 우버는 2009년 개릿 캠프(Garret Camp)와 트래비스 칼라닉(Travis Kalanick)에 의해 설립되었다. 우버는 2011년 미국 샌프란시스코에서 첫 출범을 하는데, 타고난 사업의 확장 능력을 바탕으로 2년 만에 무려 35개의 도시에서 활동하게 된다. 이때부터 점차 차량 공유라는 개념이 사회 전반에 뻗어 나가기 시작한다.

차량 공유라는 개념은 사실 그 이전부터 집카 등을 통해 잘 알려져 있었다. 다임러에서 운영하는 스마트(Smart) 역시 일종의 차량 공유 서비스다. 그러나 우버가 도입한 차량 공유 서비스의 운영 방식은 기존의 것들과는 달랐다. 스마트폰을 이용한 승차 호출 시스템이기 때문에, 스마트폰 플랫폼이 없으면 사용 불가능하지만, 편리함과 뛰어난 이동성으로 인해 기존의 차량 공유 업체들보다 훨씬 강력한 확장성을 보유하고 있다. 그 결과 운송 업체가 아닌 기술 기업으로 인정받으며 상장 당시에는 무려 824억 달러라는 높은 가격의 밸류에이션으로 주식시장에 데뷔하게 된다. 우버의 성장성은 매출증가세에서 확연하게 드러난다. 2014년 고작 5억 달러의 매출로 시작해서 5년 만에 무려 130억 달러까지 매출이 증가했다. 이러한 성장세는 그간 다른 산업에서는 찾아보기 힘들 정도로 높은 수준이다.

우버의 현재 사업은 모빌리티(Mobility), 배송(Delivery), 화물(Freight)의 세 가지로 나뉘어 있는 구조다. 2020년까지는 여기에 더해 자율주행사업인 ATG(Advanced Technology Group)와 UAM 사업인 우버 엘리베이트 등의 비매출 사업도 운영하고 있었다. 사실 2019년까지만 하더라도 모빌리티와 배송 사업에서 아주 높은 성장세를 보였기 때문에 매출이 발생하지 않는 자율주행 사업과 UAM 사업에 많은 자본을 투하할 수 있었다. 특히 우버 엘리베이트 사업은 우버 에어라는 에어택시 사업까지 추진하고 있었는데, 실제로 여러 업체와 기체 생산에 대한 파트너십을 맺고, 상당 부분 사업추진이 진행되고 있었다. 하지만 앞서 다뤘다시피 2020년 해당 기업을 조비에 매각하며 사업을 일단락지었다.

그러나 코로나19가 확산되면서 우버는 본업인 모빌리티(당시는 Ride) 사업이 엄청난 타격을 받게 된다. 모빌리티 사업의 매출액은 2020년 2분기에 들어서는 전년 같은 분기와 비교했을 때 -72%라는 전무후무한 수치가 기록된 것이다. 다행히 헷지 성격의 사업인 배송 사업에서 이러한 매출 손실을 상당 부분 만회하기는 했지만, 모든 손실을 메꾸기에는 역부족이었다. 결국 2020년 연간 총 매출성장률은 감소했다. 배송 사업이 분전하긴 했지만, 배송 사업은 여전히 안전한 궤도에 오른 상태가 아니었기 때문에 모빌리티 사업에서의 손실을 전부 방어하지는 못했다. 이후에도 모빌리티 사업은 코로나19로 인한 공포가 길어지면서 생각만큼 빠르게 매출을 회복하지 못하고 있었다. 이는 여전히 사람들의 이동에 대한 수요가 더디게 회복했기 때문이다. 따라서 2021년과 2022년 우버의 핵심 변수는 모빌리티 사업의 회복, 배송 사업의 성과이다.

2020년은 우버로선 매우 힘든 한 해였는데, 이는 단순히 코로나19 때문만은 아니다. 플랫폼 업체의 존폐를 좌지우지할 정도로 큰 이슈였던 'AB 5' 법안의 예외를 인정받았던 점이다. 캘리포니아주에서는 지난 2018년 'Assembly Bill 5'라는 법안을 발의했다. AB 5의 주논점은 우버나 리프트, 도어대시(Door Dash), 포스트메이츠(Postmates) 등 플랫폼 업체들로부터 고용된 비정규 인력들, 즉 긱 워커 (Geek Worker)들을 플랫폼 업체들의 정규 직원으로 인정하라는 법이다. 플랫폼 업체들은 운전자들과는 단순한 계약관계일 뿐, 그들을 직접 고용하는 형태가 아니다. 따라서 각종 보험, 연금 등 정직원으로 채용했을 때 부과되는 비용 자체가 없다. 그러나 AB 5는 이러한 운전자들이 노동법의 보호를 받지 못한다고 판단했고, 이들 플랫폼 업체들의 고용 방식을 바꾸라는 요구를 한 것이다.

플랫폼 업체들은 자신들은 운송회사가 아니고 기술 회사라는 점을 강조했고, 또한 긱 워커들은 노동의 유연성을 보유하고 있다는 점에서 정규직 고용자가 아닌 개인 계약 사업자의 지위를 유지해야 한다고 주장했다. 따라서 플랫폼 업체들은 AB 5의 강제시행 명령을 무력화할 수 있는 방안을 모색하고자 노력했는데, 그 결과물이 바로 캘리포니아의 AB 5 시행 여부에 대한 주민투표 'Prop 22'였다. 공교롭게도 이 Prop22를 시행하는 날은 대통령 선거가 있던 11월 3일 이기도 했다.

우버, 리프트를 비롯한 플랫폼 회사들은 이 주민발의안 투표를 위해 역사상 가장 많은 홍보 및 선거자금인 3억 달러를 쏟아부었고, 특히 우버는 투표가 부결될 경우 캘리포니아주 내에서의 운행을 중단하겠다는 계획도 발표하는 등의 초강수를 두기도 했다. 이러한 고군분투 끝에 결국 Prop22 투표는 찬성 58.4%로 플랫폼 업체들의 승리로 끝났다. 일단은 플랫폼 업체의 승리로 끝났지만, 우버가 드라이버들을 고용하는 형태로 일어나는 마찰은 앞으로도 전 세계에 산발적으로 나타날 수 있다.

사실상 긱 워커가 이 정도로 많이 출연한 적은 산업의 근대화 이후 처음이기 때문에 각국의 정부는 이에 대한 준비가 잘 되어있지 않은 경우가 많다. 언제 어떤 나라에서 소송이 일어나도 이상하지 않은 상황이다. 다만 미국의 경우 캘리포니아의 판례는 다른 주에서도 대부분 벤치마킹하는 경우가 많아 미국에서의 확산 가능성은 크지 않아 보인다. 유럽의 경우, 대표적으로 프랑스 법원이 최근 드라이버의 편을 들어주는 사례가 있었다. 다만 이러한 판결에 대해서는 프랑스 내부에서도 많은 반대의견이 분분한 상황이기 때문에 앞으로의 행보를 지켜볼 여지가 분명 남아 있다.

그렇다면 우버의 현재 비즈니스 모델이 시사하는 점은 무엇일까? 우선 모빌리티 사업은 코로나19 이전 수준을 넘어서 크게 성장할 가능성이 높다. 우버에 의하면 전 세계 호출운송 시장의 규모는 오래 지나지 않아 5조 달러를 넘을 거라고 한다. 이 외에도 우버는 배송 사업과 화물 사업 분야 역시 총 시장 규모(TAM)가 각각 5조 달러, 3조 8,000억 달러에 이를 것으로 전망하고 있다. 성장의 가능성은 얼마든지 있는 것이다.

◆ 모빌리티 주요 카테고리별 TAM 규모 비교:
호출운송과 딜리버리 시장의 규모는 지속적으로 상승 중

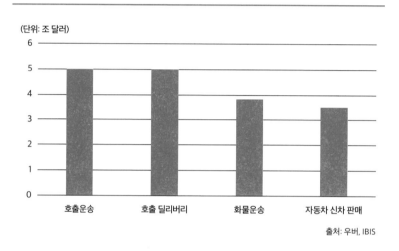

(단위: 조 달러)

출처: 우버, IBIS

우버는 이미 미국에서는 과점에 가깝다. 시장의 장기 성장성도 얼마든지 커질 수 있기에 미국에서의 사업은 가시성이 매우 뚜렷하다. 반면 해외지역에서는 직접진출을 하지 못한 곳들도 많은 편인데, 이러한 지역들은 대표적으로 지분투자를 통해 사업에 진출하고 있다. 대표적으로 중국에선 디디추싱의 지분을 15% 보유하고 있고, 동남아 지역은 그랩의 지분을 약 16%, 러시아 인근 지역에는 얀덱스 택시(Yandex Taxi)의 지분을 무려 35%가량 보유하고 있다. 우리나라에서는 SK그룹의 티맵모빌리티와 협업 관계를 구축하고 있다. 티맵모빌리티는 자회사 '우티'를 설립하고 택시 사업을 가동하려는 중이다. 우버는 티맵모빌리티와 합작 회사 '우티'에 각각 투자금 5,000만 달러, 1억 달러씩 투자한 것으로 알려졌다.

이처럼 모빌리티 사업에서 눈여겨볼 부분은 기존의 자리 잡은 시장이 아닌 신규 국가로의 진출과 우버 그린(Uber Green)이 있다. 이 밖에도 렌터카, 우버 포 비즈니스(Uber for Business) 등 확장 중인 사업이 여럿 있는 상황에서 가장 임팩트 있는 사업은 우버 그린이라 보고 있다. 우버 그린은 운전자에게 전기자동차나 하이브리드 같은 친환경 차량을 사용하도록 유도하는 인센티브 프로그램이다.

우버는 최근 2020년 4분기 실적발표에서 2025년까지 수십만 대의 차량 공유 서비스 차량을 전기차로 변경할 계획이고, 2030년에는 미국, 캐나다, 유럽 등 여러 지역에서 모두 전기차로 전환할 계획임을 밝혔다. 우버 그린은 이러한 전기차로의 전환에 있어 매우 중요한 첫걸음인 셈이다. 현재로서는 전기차를 운행한다는 것은 분명 요금에 대한 부담이 존재한다. 그러나 이는 한시적인 일일 뿐, 2025년부터는 완전히 다른 이야기가 된다.

2025년부터는 전기차의 생산원가, 유지비용이 모두 내연 기관차보다 내려갈 것으로 예상된다. 현재 자동차 회사들의 계획과 미국 정부의 전기차 보조금 정책을 보면 2025년이면 바이든 정부의 순수 전기차 보조금 지원 정책이 종료되는 시점이고, 전기차 대량 생산이 본격화되는 구간이다. 사실상 미국 정부도 그 시기가 자동차 업체들은 전기차의 원가 우위를 확보하는 시점으로 보고 있는 셈이다. 게다가 전기차는 차량 유지비 자체가 내연 기관차보다 현격히 적게 든다. 내연 기관 특성상 엔진, 변속기에서 발생하는 유지비용 자체가 전기차에서는 발생하지 않는 비용이고, 배터리 충전비용 자체가 유류비 대비 거의 20~30% 수준밖에 되지 않기 때문이다. 이는 경쟁력 있는 호출서비스 가격으로 연동될 것이기 때문에 먼저 시작하는 업체가 향후 원가경쟁력 측면에서 앞설 수밖에 없을 것이다.

우버 그린 프로젝트의 강점이 여기서 나온다. 전기차를 운용하는 것이 부담스러운 상황임은 맞으나, 분명 2024년에는 원가 절감의 효과가 나올 수밖에 없을 것이다. 이는 자연스럽게 요금의 측면에서 소비자에게 돌아올 수 있는 부분이다. 우버는 지난 2020년 우버 그린 요금제 지원을 위해 총 8억 달러 규모의 자금지원을 발표했는데, 미국과 캐나다 등 총 15개 도시에서 이 요금제에 대한 지원을 시작했다. 이를 통해 자연스럽게 전기차 호출 시장을 선점하고자 하는 것이다.

한편 우버는 2020년에 ATG와 점프(Jump), 우버 엘리베이트 등의 사업을 매각했다. 그러나 ATG와 우버 엘리베이트 사업을 매각한 후에도 일부 지분은 여전히 보유하고 있고, 해당 사업으로 재진출할 여지를 충분히 남겨두었다.

이중 가장 중요한 ATG의 경우, 사업을 자율주행 스타트업 업체인 오로라에 매각한 이후에도 여전히 우버는 지분의 26%를 보유하고 있다. 이는 당연히 어느 시점부터는 지분 가치에 대한 평가도 같이 이뤄질 수 있음을 뜻한다. 무엇보다도 지분을 보유하고 있다는 의미는 미래 어느 시점에 자율주행 시장으로 뛰어들 접점을 확보해둔 것이기도 하다.

한편 이와 마찬가지로 우버 엘리베이트의 경우 2020년 10월에 사업을 조비에 약 5억 달러에 매각했으나 다시 곧 7,500만 달러를 투자했다. 앞서 자율주행 기술과도 같이 단기적으로는 지분만 투자한 형태로 사업의 끈을 놓지 않는 수준으로만 가져가겠다는 전략인 셈이다.

모빌리티를 제외한 우버의 핵심사업은 배송 사업이다. 이 사업은 우버의 모빌리티 플랫폼을 통해 레버리지 효과가 발생하면서 커진 케이스다. 현재 우버의 배송 사업은 '우버 잇츠'와 '우버 그로서리(Uber Grocery)'로 구성되어 있다. 사실 2017년까지만 하더라도 우버의 배송 사업의 총 예약 매출(GBV)은 경쟁사들 대비 높은 수준이 아니었다. 당시는 '도어대시'나 '딜리버리 히어로(Delivery Hero)' 등 경쟁업체들이 모두 우버의 배송 사업보다 규모가 컸다. 분위기의 반전은 2018년부터 우버의 플랫폼 효과가 나타나기 시작하면서 시작되었다.

특히 월 24.99달러에 차량 공유, 잇츠, 그로서리에서 모두 일정 디스카운트를 받을 수 있는 우버가 운영 중인 구독서비스, '우버 패스(Uber Pass)'의 힘이 컸다. 그 덕인지 현재 우버 딜리버리의 연간 환산기준 주문 건수(Run-rate Booking) 규모가 약 400억 달러에 달하는 기염을 토하며 경쟁업체 중에서 가장 큰 규모를 자랑하게 되었다. 다만 우버 배송의 수익성은 아직은 모빌리티 사업보다 적다.

지금까지 살펴본 우버의 장점만 해도 상당히 많은데, 알려지지 않은 우버의 잠재력은 아직도 남아 있다. 바로 화물 운송사업인 우버 프레이트(Uber Freight)이다. 우버의 화물 운송사업은 해당 시장에서 상당히 파격적인 중개인의 역할을 맡고 있다. 통상적으로 화물 트럭운송사업의 적재율은 79% 정도다. 하지만 코로나19 확산에 따라 불균형이 확대되었다. 즉 절반 가까운 차량이 목적지에서 돌아올 때는 빈 차로 운행하는 경우가 빈번하게 발생한 것이다. 우버는 이러한 불균형을 잡아주는 매칭 알고리즘 개발에 초점을 두었고, 화물의 묶음 적재 건수는 가파르게 증가하기 시작했다. 이는 분명 우버의 머신러닝 투자의 결과이다. 통계조사 전문 업체인 스태티스타(Statista)의 자료에 의하면 화물 운송 산업의 규모는 2019년 기준 무려 7,917억 달러 규모로 이제 시작 단계인 라스트마일 딜리버리는 수년 내에 화물 운송 산업을 현재의 몇 배 수준으로 키워낼 수 있는 잠재력을 갖추고 있다. 여기서 우버 프레이트의 역할은 적재 화물들에 대한 매칭 효율화이고, 이는 점차 시장에서 중요한 위치를 차지할 수밖에 없는 요인으로 발전할 것이다.

우선 신뢰성 측면에서 기존 업체보다 월등히 뛰어나다. 게다가 앱을 사용해서 클릭 몇 번으로 계약을 진행할 수 있기에 편리하기까지 하다. 아직 우버의 전체 매출에서 차지하는 비중은 2% 수준에 불과해 매우 초기 단계지만, 향후 중장기적으로 봤을 때, 우버의 매출을 증가시켜 주는 히든카드 역할을 할 것으로 보인다.

리프트: 모빌리티 시장의 선구자

리프트는 사실상 우버와 함께 미국 내 차량호출 시장을 과점하고 있는 업체다. 연간 매출액은 2020년 기준으로 약 23억 달러 수준이며, 주로 미국이나 캐나다 시장에서의 신뢰도가 높다. 우버보다 약 4년 정도 늦게 설립된 리프트가 이 정도 시장 점유율을 보인다는 점은 놀랍다. 공동 설립자 중 하나인 로건 그린(Logan Green)은 애초에 미국에서 가장 큰 카풀링(Car Pooling) 시스템인 짐라이드(Zimride)를 운영하던 사람이었다. 로건은 아프리카 짐바브웨 여행에서 경험했던 택시 공유서비스의 기억을 되살려 회사의 이름을 짐라이드라 지었고, 미국 주요 대학 캠퍼스를 위주로 카풀링 사업을 시작했다. 이후 짐라이드는 이름을 리프트로 변경하고, 이때부터 대학 내 카풀링과 도시 내 차량 공유로 사업 부문을 구분하기 시작했다. 2013년에 들어서서는 대학 내 카풀링 사업부인 짐라이드는 통째로 렌터카 업체인 엔터프라이즈 홀딩스로 매각했고, 이후부터는 차량 공유 사업에만 집중하기 시작했다.

리프트는 우버와 마찬가지로 많은 자동차 업체들, 특히 티어 1 부품 업체들과 파트너십을 맺어왔다. 특히 2016년 GM은 리프트에 무려 5억 달러를 투자했다. 당시 자동차 제조사들은 승차 공유 사업의 확산에 대해서는 매우 놀라워하고 있었으나, 그리 큰 위협으로 생각하고 있지는 않았기 때문에 GM의 이러한 행보는 업계의 큰 화두로 떠올랐었다.

당시는 리프트의 차량 공유 사업이 이미 어느 정도 안정된 상황이기 때문에, 자율주행 기술 투자를 서두르기 시작한 시점이기도 했다. 그때 경쟁 업체인 우버는 이미 막강한 투자 자본을 활용해 자율주행 테스트를 진행하고 있었고, 구글과 비등한 수준으로 자율주행에 투자하고 있었기 때문에 자본시장의 엄청난 투자 자금이 차량 공유 업체들로 들어오던 상황이었다. GM으로선 이미 막대한 자본력을 갖춘 우버보다는 리프트가 더 매력적인 투자처로 보였을 것이다.

리프트는 북미에서 가장 큰 티어 1 부품 업체인 앱티브와 마그나와도 협력 관계를 구축하고 있다. 당시 자본시장에서는 마그나와 리프트의 협력 소식에 촉각을 곤두세웠었다. 이는 마그나가 진행하던 자동차 위탁 생산 사업 때문이다. 당시 마그나는 이미 BMW, 다임러 등 자동차 제조사들의 차량을 위탁 생산하고 있었고, 특히 애플의 자동차 프로젝트인 타이탄 프로젝트 때문에 마그나의 위탁 생산이 크게 부각되던 시기였다. 이런 상황에서 마그나와 리프트의 협업 소식은 엄청난 관심을 일으켰고, 발표 당일 마그나의 주가가 5% 이상 증가하기도 했다.

하지만 아쉽게도 두 기업이 바라보는 방향이 달랐던 듯하다. 리프트는 사실 마그나의 차량 생산 기술보다는 보유하고 있던 자율주행 기술에 더 관심이 많았던 것으로 보인다. 이후 리프트와 마그나의 파트너십은 예상과는 다르게 특별한 성과를 시장에 보여주지 못하고, 결국 2020년에 파트너십이 종료되었다.

한편 리프트는 또 다른 티어 1 부품 업체이자 자율주행 기업인 앱티브와도 자율주행 로보택시 사업을 위한 파트너십을 형성한다. 앱티브는 자율주행 소프트웨어에 특화된 기업이기 때문에 리프트의 생각과 결이 맞았던 듯하다. 그래서인지 마그나보다 좀 더 적극적으로 협업을 진행했다. 리프트는 이후 앱티브와 함께 라스베이거스 시내에서 로보택시 주행테스트를 적극적으로 진행하기 시작한다. 알려진 바로는 2021년까지 두 회사가 진행한 자율주행 테스트의 건수가 무려 10만 건에 달하는 상황이다. 현재 리프트가 진행 중인 자율주행 테스트는 앱티브와 현대차그룹의 합작 회사 모셔널이 개입되어 있다. 그들은 2023년을 기점으로 로보택시 서비스를 본격적으로 상용화하겠다고 밝혔다.

　한편 리프트는 앱티브와의 협업과는 별개로, 자체적으로 자율주행 연구소인 '레벨 5'를 운영하고 있다. 여기서 우버의 노선과는 다른 리프트의 행보가 드러난다. 리프트와 우버의 가장 큰 차이점 중 하나는 바로, 리프트는 자율주행 사업부를 여전히 보유하고 있고 우버는 외부 업체로 매각해 더 이상 기술적 수직 계열화가 이어지지 않다는 것이다. 이점은 지금처럼 기술의 양산이 전혀 이뤄지지 않은 상황에서는 별 차이가 없어 보이지만, 로보택시 서비스가 실제로 상용화되는 시점에서는 확연한 경쟁력의 차이로 변할 수 있다.

향후 리프트는 앱티브와의 협업으로 얻은 주행테스트 결과를 바탕으로, 자율주행 연구소 레벨 5를 내세워 자신들이 직접 주도하는 자율주행 서비스로 영역을 넓힐 것으로 보인다. 그때쯤이면 리프트는 자율주행 분야에서 큰 강점을 보일 가능성이 크다. 만약 리프트가 자신들의 기존 사업인 승차 공유 네트워크에 자율주행 서비스를 접목한다면, 그들이 계획하고 있는 유료 자율주행 서비스는 상당히 순조롭게 진행될 가능성이 높다. 이미 리프트는 많은 자율주행 테스트를 유료로 진행한 경험도 있으므로 사업적 근거는 더욱 명확해지고 있다.

다른 분야에서도 리프트의 궁극적인 전략은 우버와 크게 다르지 않다. 다만 진출한 국가에서는 다소 차이는 있어 보인다. 전 세계로 시선을 돌린 우버와는 다르게 리프트는 주로 미국과 캐나다 등 북미지역에서 집중적으로 사업을 운영한다.

또한, 리프트는 '우버 잇츠'와 같은 배송 사업은 하고 있지 않기 때문에 우버보다 뒤처진 면도 없잖아 있다. 이미 우버의 경우 총 매출에서 배송 사업이 차지하는 비중이 40% 정도에 달할 만큼 많이 커진 상황이다. 이미 규모의 경제가 발생하는 단계이다. 이를 인지했는지 리프트도 우버를 따라서 배송 시장에서 발을 들이려는 중이다. 시장에서 상당한 인지도를 보유한 그럽허브(Grubhub)와 파트너십을 맺는 방식으로 배송 시장에 대응하고 있다.

여러 요인으로 인해 현재 리프트의 기업가치는 코로나19 이전보다 조금 떨어진 상태다. 리프트의 기업가치는 향후 코로나19가 회복되면서 함께 회복될 가능성이 크다. 일단 그사이에 시장에 신규 진입한 업체가 없었기 때문이다. 따라서 대부분의 차량 공유 시장은 지금과 비슷하게 우버와 리프트가 양분할 가능성이 크다. 일단 이동의 수요가 회복 중인 지금의 자동차 신차생산량 자체가 부족한 것이 리프트에는 기회로 작용한다. 앞 장에서 다뤘던 대로 지금 자동차 제조사들은 신차생산량을 늘릴 준비 자체가 되어있지 않다. 이 말은 곧 당분간 이동에 대한 소비자들의 니즈 자체는 차량 공유 업체들의 몫이라는 뜻이다.

사실 차량 공유뿐만 아니라 이미 두 업체는 운송 시장 전반에 걸쳐 굉장히 깊게 파고들었기 때문에 미래가치는 더 높게 쳐줄 수밖에 없다. 리프트는 이미 헬스케어, 오토모티브, 교육 등 세 가지 분야에 걸쳐 리프트 비즈니스(Lyft Business)라는 이름으로 자신들의 영역을 넓히는 중이다.

매출도 잠시 감소했다가 다시 회복세로 들어섰다. 리프트의 2020년 매출액은 약 24억 달러다. 이는 2019년의 매출액인 36억 달러보다 33% 이상 감소한 수치이다. 그러나 이미 2020년 4분기에는 같은 년도 2분기 대비 80%가량 증가한 5억 6,000만 달러의 매출액을 기록하며, 매출이 회복되는 흐름을 타고 있다. 따라서 2021년 이후에는 기존의 2019년 매출액을 뛰어넘는 수준으로 성장할 것으로 보인다.

다만 한 가지 걸리는 점은 있다. 드라이버들의 공급이 부족하다는 이슈가 남아 있다. 이는 충분히 장기화될 수 있는 이슈로 리프트의 골칫거리로 작용할 가능성이 제법 된다. 이동의 수요가 늘어나는 반면에 승차 공유 서비스를 지탱할 기사들은 빠르게 증가하지는 않기 때문이다. 따라서 운전자의 확보가 어려운 것은 아직 승차 공유 사업이 대부분의 비중을 차지하는 리프트로서는 불리하게 작용할 수 있다. 운전자들로선 전염병의 리스크를 감수하고 다른 사람을 태워야 하는 승차 공유 서비스가 꺼려질 수밖에 없는 상황이다. 이 점은 확실히 우버보다 불리한 포지션에 있어 보인다. 배송 사업이 발전된 우버의 경우는 드라이버들은 언제든지 배송 드라이버로 전환할 수 있다. 즉, 승객을 태우기 싫으면 우버 잇츠 업무를 수행하면 되는 옵션이 있는 셈이다.

마그나 인터내셔널: 자동차도 만드는 티어 1 부품사

흔히 '마그나'라고 부르는 마그나 인터내셔널은 캐나다에 본사를 둔 다국적 자동차 부품기업이다. 마그나는 2020년 연간 매출액이 약 326억 달러에 이를 정도로 매출의 규모가 굉장히 크다. 전 세계적으로 현재 마그나와 비등한 규모를 갖춘 업체는 보쉬, 콘티넨탈, 덴소 정도다. 이러한 대규모 부품 업체들을 일반적으로 우리는 티어 1로 분류하며, 자동차 산업에서 그들의 영향력과 지위는 상당하다. 자체적인 브랜드 파워를 갖추고 있는 데다가 완성차 업체들과는 매우 오랜 기간 호흡을 맞춰왔다.

일반적으로 자동차 업체들은 부품의 공급에 매우 보수적이고, 특히 품질 부분에는 한 치의 양보도 없을 만큼 깐깐하므로 한번 공급업체로 선정한 이후에는 특별한 이벤트가 없는 한 공급업체를 잘 바꾸지 않는다. 이러한 산업의 성격 덕에, 마그나는 유수의 자동차 업체들로 부품을 공급하는 구조를 기반으로 그간 안정적으로 성장해 올 수 있었다. 마그나는 현재 GM, 포드, 피아트 크라이슬러 등의 미국업체 외에도 다임러, BMW 등 이름만 대면 알 수 있는 세계적인 자동차 제조사를 고객사로 두고 있고, 최근에는 중국 현지에서도 다양한 고객사를 바탕으로 영역을 확대 중이다. 국내에도 현대기아차그룹으로 부품을 공급하는데, 파워트레인 전문 계열사인 현대위아와 공동으로 설립한 '현대위아마그나파워트레인'이라는 합작 회사를 통해 공급하고 있다. 이는 사실상 현대차그룹으로의 기술이전으로 이어졌다. 현재 현대차그룹에서 사용하고 있는 HTRAC 등의 사륜구동 시스템을 구성하는 기술은 마그나에서 나온 것이다. 이처럼 마그나는 사륜구동 시스템 분야에서 두각을 드러내고 있다. 현재 마그나는 자사의 '마그나 파워트레인'이라는 사업부를 통해 전 세계적으로 사륜구동 시스템을 공급하고 있다. 대표적으로 BMW의 'xDRIVE' 시스템을 마그나가 공급하고 있을 정도로 시장에서의 영향력이 크다.

마그나는 애초부터 우리나라에서도 유명한 기업이다. 과거 여러 차례 굵직한 계약을 맺으면서 유명해진 업체다. 우리에게 친숙해진 가장 빠른 계기는 2015년 삼성 SDI로 배터리팩을 매각한 일이다. 당시만 하더라도 전기차 사업은 유망하지 않은 사업이었고, 배터리 셀 사업과 연계해서 개발하지 않은 채 배터리팩만 제조하는 사업은 크게 메리트가 없었다. 이는 아마도 당시의 미국 자동차 산업을 둘러싼 환경을 봤을 때 당분간 내연 기관이 자동차 산업의 지배적인 위치에 있을 것이라는 내부적 판단이 주효했다고 본다. 반면 이제 막 BMW의 i3, i8 모델로 공급하며 대형전지 사업을 시작하던 삼성 SDI의 입장에서는 사업을 좀 더 확장할 수 있는 계기가 된 적절한 인수였다.

마그나는 이 당시 여전히 내연 기관 파워트레인에 집중하고 있던 것으로 보이는데, 이는 2015년 세계 제2의 변속기 업체인 게트락(Getrag)을 인수한 것만 봐도 드러난다. 당시만 하더라도 자동차 산업의 주요 관심사는 내연 기관차의 연비개선이 대부분이었고, 그런 맥락에서 게트락의 DCT 기술은 매력적이었다.

그러나 게트락은 마그나에 인수된 이후 큰 성과를 보이지

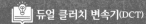

듀얼 클러치 변속기(DCT)

듀얼 클러치 변속기 줄여서 DCT는 변속기의 한 종류이다. 수동 변속기의 주행감과 경제성, 자동 변속기의 편의성을 두루 갖춘 변속기이다. 가속 성능이나 연비가 우수하다. 한동안 현대차그룹, 폭스바겐 그룹 등 세계 유수의 기업들이 적극적으로 도입하던 부품이다. 이 DCT가 중요했던 이유는 전기차 개발이 활발해지기 전, 내연 기관 차량의 시대에 연비를 개선하기 위한 부품 중 하나였기 때문이다. 마그나가 게트락이라는 기업을 인수한 배경이기도 하지만, 현재까지 게트락 인수는 유의미한 성과를 보이지 않고 있다.

못했다. 2015년을 고점으로 게트락의 주요 시장이었던 중국 자동차 시장에서 사실상 내리막을 걷기 시작했다. 결국 큰 수익창출을 달성하지 못한 채 마그나의 기업가치에 전혀 도움이 되지 못했다.

그러는 한편 마그나는 2018년에 'Fluid Pressure & Controls'라는 사업부를 매각한다. 매수한 상대방은 바로 한국의 한온시스템이다. 매도가격은 무려 12억 달러에 달했는데, 최근 마그나가 진행한 인수

합병 중에서는 가장 큰 거래다. 매수자인 한온시스템은 자동차용 열관리 시스템 분야에서는 전 세계적으로 뛰어난 위치에 있으며, 당시 전기차 시장에서 지배력을 높이기 위해서 열관리 시스템 포트폴리오를 다변화시키던 참이었다. 열관리 시스템은 특성상 자동차 동력계열에서 발생하는 열을 제어하는 역할로, 냉각수 온도 제어장치 시스템부터 배터리 쿨링, 히트펌프 시스템 등 방대한 영역에서 유기적인 상호보완이 이뤄져야 하는 시스템이다. 마그나는 이 분야에 적극적인 투자를 하던 상황이 아니었기 때문에 포트폴리오를 일원화하는 차원에서 매각을 결정한 것으로 보인다.

마그나는 현재 약 4개의 사업부로 구성되어 있다. 먼저 여전히 가장 많은 이익을 내는 '차체 및 구조 사업부(Body Exterior & Structure)', 파워트레인과 ADAS 등이 포함된 '파워트레인 및 비전 사업부(Powertrain & Vision)', 차량용 시트를 생산하는 '시트 사업부(Seating Systems)', 그리고 위탁 생산 사업인 '차량 위탁 생산 사업부(Complete Vehicle Assembly)' 이렇게 나뉘어 있다. 이중 가장 핵심사업은 파워트레인 및 비전 사업부이다. 이익률만 놓고 보면 차체나 시트를 담당하는 사업이 더 좋아 보이지만, 미래가치를 따지면 파워트레인과 ADAS 등의 차세대 부품을 생산하는 사업부가 더 뛰어나다. 아마 2~3년 후부터는 주요 이익 창출 부서가 될 가능성이 크다. 그만큼 마그나도 이 사업부에 많은 투자를 진행하고 있기도 하다.

파워트레인 사업에서 가장 중요한 부품은 전기차의 핵심인 구동 모터, 감속기, 인버터를 포함한 통합 구동 시스템이다. 전기차 시장이 개화되면 통합 구동 시스템의 경쟁력은 더 거대해질 것이다. 구동 모터 시스템은 전기차 특성상 3세대 전기차부터는 대부분 사륜 구동 시스템을 탑재하게 되면서 그 수요가 구조적으로 증가할 가능성이 높다. 여기서 말하는 구조적 증가란, 전기차 1대당 통합 구동모터 시스템을 각각 전륜과 후륜에 탑재해서 총 2개의 시스템을 넣는 것이다. 그러므로 마그나에는 가장 큰 성장 모멘텀으로 작용할 수밖에 없다. 게다가 마그나처럼 이미 글로벌 자동차 업체들과 많은 거래선을 확보한 체의 경우, 향후 새로운 시스템의 거래처를 찾는 게 그리 어렵지 않을 것이다.

마그나는 이러한 구동 모터 시스템 사업을 더욱 성장시키기 위해 최근 한국의 LG전자와 합작 회사를 세웠다. 이 합작 회사

LG 마그나 E-파워트레인

국내 대기업 LG그룹과 마그나 인터네셔널이 손을 잡고 만든 자동차 부품 합작 회사다. LG전자의 전기차 부품을 담당하는 사업 일부를 물적 분할해서 회사를 만들고, 마그나가 지분의 49%를 인수하는 방식으로 설립한 기업이다. 합작 법인은 2022년 흑자 전환, 2023년 매출 1조 원 달성을 목표로 움직이고 있다. 많은 전기차 업체가 구동 모터를 외부 업체에서 공급받아야 하는 상황은 이 회사의 외형 성장 잠재력으로 작용하고 있다. 2021년 초 합작 회사를 설립한단 소식을 듣고 증권 시장의 관심을 불러 모으기도 했다.

는 'LG마그나 E-파워트레인'이라는 이름으로 설립되었으며, LG가 이미 보유하고 있는 GM의 거래선과 마그나가 보유한 많은 자동차 회사의 E-파워트레인 수요를 함께 대응할 것으로 예상 중이다.

마지막으로 마그나의 사업부 중 가장 눈여겨볼 필요가 있는 곳은 차량 위탁 생산 사업부다. 이 분야는 본래 부품 업체가 하는 사업은 아니다. 그러나 마그나는 이 사업을 통해 이미 몇몇 자동차 모델을 위탁 생산하고 있으며, 앞으로는 담당하는 모델이 더욱 많아질 것으로 보인다.

다만 이러한 위탁 생산사업이 결국 얼마나 높은 수익성을 확보할 수 있는지에 의문이 들기도 한다. 마그나는 현재 연간 15~20만 대가량의 위탁 생산 물량을 처리하는데, 여기서 발생하는 수익성은 아직은 그리 크지 않다. 영업이익률로 환산하면 약 2% 수준에 불과하다. 그만큼 완성차 조립이라는 사업 자체가 수익성이 높지 않은 셈이다.

현재로선 마그나가 전략적으로 위탁 생산 사업을 키우고 있는 것으로 보인다. 앞으로 보다 높은 규모의 경제 달성하기 위함일 뿐만 아니라 기존 부품사업과의 유기적인 관계가 주요 목적일 수도 있다. 예를 들면 마그나가 발표한 2021년 전기차 플랫폼이 있다. 이 플랫폼은 마그나는 아직 자체 플랫폼을 개발하지 못한 업체들을 위해 부품 공급 과정부터 자신들이 대신 진행해주겠다는 것을 의미한다.

즉 마그나가 기존에 보유한 다른 사업들을 활용해 차량을 만들겠다는 것을 의미하는데, 이는 사실상 타 사업부와의 유기적 통합을 뜻하고, 결국 마그나의 전체 마진의 개선이라는 방향으로 이어질 수 있다. 특히 이러한 시스템은 잠재 고객사의 물량에 따라 규모의 경제가 확대될 수 있다. 만약 최근 언급되고 있는 애플과 같은 대형 고객사의 차량생산을 맡는다면 상당한 수익으로 이어질 가능성이 있다.

최근 마그나는 이미 신규 진입업체들에도 위탁 생산에 대한 자문을 제공하거나, 고객사의 요청에 따라 합작 회사를 설립하는 등 다양한 활동을 진행 중이다. 이 중 가장 눈여겨봐야 할 곳은 마그나와 북경기차가 공동으로 설립한 전기차 합작 회사다. 북경기차는 산하에 전기차 전용 회사인 'BJEV'를 보유하고 있는데, 마그나는 BJEV와 합작 회사를 추가로 설립해 연간 18만 대 이상의 전기차를 생산할 계획을 세웠다. 또 북경기차는 전통적으로 두 개의 글로벌 자동차 제작사와 파트너십을 맺어왔다. 이 둘은 바로 다임러 그룹과 현대차그룹이다.

20년 전만 하더라도 글로벌 제조기업들과 중국 자동차 기업의 내연 기관 파워트레인의 기술격차는 심했다. 그런 이유로 북경기차는 2002년 현대차와 함께 합작 회사를 설립한다. 이렇게 만들어진 기업이 BHMC(Beijing Hyundai Motor Company)이다. 이어서 2004년에는 벤츠와 합작 회사인 베이징 벤츠(Beijing Benz)를 설립한다. 지금까지 다른 기업과의 합작 회사를 설립해서 자신들의 규모와 기술력을 키워온 셈이다.

하지만 북경기차는 지금까지와는 다르게 전기차 전용 회사를 독자적으로 설립한다. 그 회사가 바로 2009년에 설립된 BJEV다. 지금도 BHMC와 베이징 벤츠는 각자의 친환경 차량 라인업을 갖추고 있지만, 사실상 북경기차의 독자노선을 타기 위한 작업은 이미 시작된 셈이다. 이러한 상황에서 BJEV의 생산량과 엔지니어링 기술을 높이기 위해 선택한 파트너가 바로 마그나다.

중국 전체 자동차 시장의 크기를 보면 약 2,500만 대에 달한다. 하지만 전체 시장의 크기에 비교하면 순수 전기차의 판매량은 초라한 수준이다. 2020년 기준으로 순수 전기차의 판매량은 약 90만 대 수준에 불과했다. 침투율 기준으로는 이제 4% 수준에 불과하다. (물론 그래도 세계에서 가장 큰 전기차 시장이기도 하다.)

이 말은 곧 앞으로 전기차가 산업의 표준이 됐을 때, 중국 전기차 시장이 더 커질 부분이 많다는 것이기도 하다. 마그나로선 BJEV를 발판삼아 다른 전기차 생산 사업을 키울 기회이기도 하다. 설령 전기차 시장을 장악하지 못해도 그 큰 시장에 부품만 팔아도 마그나로서는 이득인 셈이다. 중국 시장 자체가 마그나의 성장 동력으로 삼기 충분한 지역이라 볼 수 있다.

파트너사	생산 차종	생산계획(년)	비고
BJEV	ARCFOX α-T	18만 대	41% 지분 보유, 중국 전장 공장
피스커	Ocean		
BMW	5시리즈, Z4		
다임러	G class	20만 대	오스트리아 그라츠공장
소니	Vision S		
재규어	E-Pace, I-Pace		
토요타	GR Supra		
웨이모	Pacifica, I-Pace	수천 대	미국 미시간주 공장

출처: 마그나, 언론 보도

앱티브: 자동차 소프트웨어 장인

앱티브는 국내에는 잘 알려지지 않았지만, 자동차 산업의 티어 1 부품 회사 중 가장 높은 소프트웨어 기술력을 갖춘 회사다. 앱티브는 원래 부품 회사 델파이(Delphi)의 소프트웨어 사업부로 궁극적으로 주주가치를 높이기 위해 인적분할하면서 2017년 생겨난 회사이다. 델파이는 원래는 GM이 보유하고 있던 전장 제품을 전문으로 하는 계열 부품 회사이다. 국내로 따지면 현대차그룹 안에 속한 현대모비스와 비슷한 역할을 맡던 업체다.

1999년 GM이 경영난에 처하면서 자동차 사업부를 분사시킨 기업이 바로 델파이다. 델파이는 독립한 이후 자체적인 생존에 실패했고, 결국 2005년에 파산에 이르게 된다. 일반적으로 자동차 회사와 부품 회사 간의 관계는 100% 독립적인 관계가 되기 힘들다. 자동차 회사가 시장성이 높은 성공 모델을 출시해 추가적인 대규모 생산으로 이어져야만 부품 회사의 생존이 보장되는 구조로, 부품 회사 역시 이러한 태생적 성격을 같이 공유할 수밖에 없다. 따라서 부품 업체는 다양한 고객을 확보하는 것이 매우 중요하다. 그래야만 안정적 수익성을 확보할 수 있다. 그러나 당시 델파이는 GM에서 벗어난 지 얼마 되지 않았기 때문에 다른 제조사에 부품을 공급할 여력이 없었던 상황이었다. 델파이의 매출 대부분이 GM으로 공급되는 부품에서 나왔다.

문제는 이 시기가 미국의 빅3 자동차 제조사들조차 유난히 어려움을 겪었던 시기라는 점이다. 그때가 한창 GM, 포드, 크라이슬러 그룹이 방만에 빠져있을 때이기도 했고, '인터넷버블' 이후 소비자들이 스마트한 차량에 관심을 보이던 시절이기도 했다. 하지만 보수적이고 폐쇄적 성격으로 대변되곤 했던 미국의 빅 3는 변화를 추구하지 않았다. 배기량은 커져만 갔고, 연비효율은 개선되지 않는 모델들만 출시하다 보니 도태되기 시작한 것이다. 당연히 차량의 판매량은 감소하고 델파이 같은 부품 업체들도 고난을 같이 겪기 시작했다.

이때는 또 미국의 내수시장이 자연스럽게 일본의 자동차 회사들로 넘어간 시기이기도 하다. 그중 가장 위협적인 자동차 회사가 바로 토요타였다. 1998년까지만 하더라도 미국 시장에서 토요타의 시장 점유율은 8.53%였으나, 2008년에 이르러서는 무려 16.47%에 달하게 되었다. 단숨에 미국 시장 점유율 2위 업체로 올라온 것이다. 그러는 동안 GM의 시장 점유율은 거의 반토막이 났다. GM 내부적으로는 엄청난 판매 부진에 따른 부담이 존재했을 수밖에 없는 상황이 된 것이고, 부담은 자연스럽게 주력 협력업체인 델파이로 전가된 것이다. 결국 이때 델파이는 파산 보호 신청을 할 수밖에 없었다.

이후 델파이는 파산 보호에서 벗어나 2009년부터 새로운 델파이라는 브랜드 아래에서 다시 투자자들을 모집한다. 투자자를 모집하는 한편, 델파이는 보유하고 있던 파워트레인과 애프터마켓 사업을 분사시키고, 앱티브라는 존속 법인을 발의한다. 사업을 두 개로 나누는 이유는 심플하다. 성질이 다른 두 개의 사업을 각자 운영함으로써 발생할 수 있는 잠재적인 마찰을 최소로 줄이고, 독립적 의사

결정을 존중하기 위해서다. 그리고 이러한 경우에 나타날 각각의 잠재 사업 가치를 확보하기 위함이다.

최근 들어서는 자동차 업종 내에서 이러한 분사의 경우들이 계속해서 생겨나고 있다. 대표적으로 앱티브 외에도 스웨덴의 티어 1 부품사인 오토리브도 ADAS 사업을 따로 베오니어(Veoneer)로 분사시켰고, 독일의 유명 부품 업체인 콘티넨탈 역시 최근 파워트레인 사업부를 비테스코(Vitesco)라는 이름으로 분사시켰다. 한편 델파이에서 분할된 법인의 이름은 델파이 테크놀로지스(Delphi Technologies)였는데, 이후 다시 보그워너로 인수된다. 델파이 테크놀로지스의 매출 상당 부분은 엔진 부품에서 발생했지만, 이미 구동모터 및 인버터 등 전기차 동력계열 핵심부품의 개발과 수주가 한창 진행되었기 때문에 매력적인 인수대상이었던 셈이다.

한편 존속법인인 앱티브의 경우 주력사업이 대부분 전동화 부품, 즉 전기차에서 사용되는 고전압 전자장치들과 스마트카의 핵심인 소프트웨어 설계기술이었다. 시장의 흐름이 변하면서 앱티브의 기술이 더 미래 지향적인 기술로 분류되기 시작했고, 얼마 지나지 않아 자동차 부품 업체 중에서는 한 손에 꼽을만한 성장성을 지닌 업체가 되었다.

이제 다시 지금의 앱티브 이야기로 돌아가 보자. 앱티브의 메인 사업은 크게 두 가지 전력 장치 사업(Signal and Power Solutions)과 자율주행 및 고객 경험 사업(Advanced Safety and User Experience)으로 나뉜다. 전력 장치 사업부는 여전히 기존 전장부품들을 생산하고 있는데, 향후 구조적 성장을 보일 전망이다. 자동차의 전동화가 진행되며 차량 내에 발생하는 전력 배분을 담당하게 되는 부품의 수가 현저하게 증가한다.

자율주행 및 고객 경험 사업부는 말 그대로 ADAS를 설계, 공급하며 OTA 등 핵심 소프트웨어를 지원하는 역할을 한다. 특히 앱티브는 구글과 긴밀한 협력체제를 맺고 있는데, 이를 통해 자동차용 안드로이드 운영체제에서 사용하는 OTA를 차량으로 공급하는 핵심 기술을 구글로 제공한다.

앱티브는 그간 소프트웨어 분야의 역량을 크게 강화해왔고, 스마트카의 소프트웨어 아키텍쳐*에 특화되어 있다. 이러한 시스템은 티어 1 부품 업체 중에서도 매우 독보적인 영역을 구축한 것으로 현재 자동차 업체들의 고질적인 문제인 ECU와 여러 소프트웨어를 통합해 주는 역할도 수행하고 있다. 이러한 시스템의 대표적인 사례가 바로 앱티브가 CES 2020에 공개했었던 SVA(Smart Vehicle Architecture)다.

---

* 아키텍쳐(Architecture): 자동차용 부품, 소프트웨어의 설계 방식을 지칭

오늘날의 자동차는 내부에 3Km가 넘는 '와이어링'이라 부르는 긴 전선이 존재한다. 이러한 와이어링을 따라 약 100여 개의 전자제어 장치 ECU들이 존재한다. 자동차 내부의 기능들이 고도화되고 전자장치들이 추가되면서 와이어링의 길이는 늘어날 수밖에 없다. 하지만 와이어링을 무한정으로 늘릴 수는 없으니 결국 효율성의 문제가 발생하게 된다. 특히 수많은 데이터를 빠른 속도로 주고받아야 하는 자율주행차 시스템은 이런 시스템만으로는 대응할 수가 없다. 초당 150KB에 불과하던 자동차 내부의 정보처리속도는 오늘날에는 초당 기가바이트 단위를 넘어서고 있다. 이 흐름대로면 결국 자동차 회사는 내부의 와이어링을 늘리는 방식을 포기할 수밖에 없다.

이 분야에서 가장 선도적인 아키텍쳐를 도입한 자동차 업체가 바로 테슬라다. 테슬라의 모델 S에 사용된 와이어링의 길이는 약 3Km 가량이었으나, 후속 모델인 모델 3에는 1.5Km로 대폭 줄였다. 이 말은 곧 ECU의 개수가 절반 가까이 줄어든 것과 마찬가지인 셈이다. 한편 일론 머스크는 모델 Y의 출시를 앞두고 와이어링과 관련된 센세이셔널한 발언을 하기도 했다. 바로 모델 Y에서는 와이어링의 길이를 약 150미터로 줄이겠다는 것이다. 이와 같은 아키텍쳐의 단순화는 궁극적으로 자율주행에서 사용되는 대규모 데이터의 전송을 용이하게 만든다. 당연히 이러한 아키텍쳐는 일반 자동차 업체들도 눈독을 들일 수밖에 없다. 그러나 이를 바로 도입하는 작업은 쉬운 일이 아니다. 테슬라의 경우 자사의 모델의 숫자 자체가 4개밖에 없지만, 일반 대형 자동차 업체들은 일반적으로 40여 개가 넘는 차량 모델이 있으며 이를 전부 변환시키는 데 시간이 걸린다. 또한, 소프트웨어상으로 이를 적용하는 데에도 한계가 있으므로 시간을 두고 점진적으로 적용해 나갈 것으로 보인다.

앱티브가 발표한 SVA에는 테슬라에서 적용하고 있는 것과 비슷하게 자동차 내부에 존재하는 전체 ECU의 설계를 단순화하고, 이를 위해 필요한 통합 컨트롤러를 제시하고 있다. 이뿐만 아니라 ECU의 설계를 단순화하면 제조프로세스에서도 큰 이점이 나타난다. 첫째로 와이어링의 무게가 최대 20%까지 감소하고, 이를 통한 자동차 내부 공간의 활용도가 커진다. 두 번째로 와이어링이 워낙 길고 구조가 복잡해 제작하는 과정에서 인건비가 많이 발생하는데 단순화된 아키텍쳐는 이런 와이어링 제조에 들어가는 인건비를 최대 50%까지 줄일 수 있다는 이점이 존재한다.

국내에서 앱티브가 본격적으로 알려지게 된 계기는 현대차그룹과의 합작 회사 설립 때문이다. 2019년 현대차그룹은 자율주행시스템 개발을 위해 앱티브와 자율주행 합작 회사를 설립한다. 현대차그룹이 약 20억 달러를 출자하고, 앱티브는 자율주행시스템 개발에 필요한 연구개발인력 약 500명을 투입하면서 단숨에 기업가치가 40억 달러에 달하는 업체가 탄생했다. 현대차그룹 내에서는 현대차 외에도 기아차, 현대모비스가 자금조달에 참여했기 때문에 합작 회사에서 개발되는 자율주행 시스템에 대한 접근 권한을 갖게 된다.

앱티브가 다른 제조사들과 협업하는 사례는 현대차 외에도 많다. 물론 앱티브만의 이야기가 아니라 2017년에서 2019년까지는 자동차 회사들 사이에선 자율주행 시스템 개발을 위해 맺는 파트너십은 여기저기서 일어났다. 그중 GM은 크루즈를 앞세워 가장 선진화된 기술을 갖추고 있었다. 특히 캘리포니아주에서 시행하는 '디스인게이지먼트(Disengagement)' 보고서에 의하면 당시 크루즈가 웨이모와 비등한 수준의 기술력을 갖춘 것이 발견된다. 디스인게이지먼트란, 운전자의 개입 없이 순수한 자율주행만으로 운행한 거리를 뜻하는데, 크루즈의 경우 2018년에는 5,500마일에 불과했으나 2019년에는 12,500마일, 2020년에는 무려 28,000마일로 늘어났다. 우리에게 친숙한 단위로 따지면 약 45,000Km를 달리는 동안 운전자의 개입이 1회 발생했다는 것이다.

이에 자극을 받은 다른 자동차 회사들 역시 상업화 일정은 둘째 치고 GM과 비등하게 경쟁할 수 있는 자율주행차 개발에 나선다. 문제는 기본적으로 이때 발생하는 비용의 문제가 엄청나다는 것이다. 수조 원대의 비용이 지금 당장 필요한 셈이다. 이미 본업에서 이익이 발생하고 있는 자동차 업체들은 바로 수익성을 해칠 수 있는 자율주행 사업부를 신설하는 형태보다는, 주로 스타트업을 인수하거나 이를 통해 다른 자동차 회사들로부터 펀딩을 받는 구조를 택한다.

포드는 '아르고 AI'를 인수한 후 폭스바겐으로부터 투자를 받아 공동개발에 나섰고, BMW와 다임러는 자율주행 개발 파트너십을 맺는다. 글로벌 자동차 기업들이 이미 파트너십을 형성하던 중에 현대차는 파트너로 앱티브를 택한 것이다. 현대차그룹은 그동안 축적된 차량 데이터를 거점별로 제공하는 역할을 하며, 이를 기반으로 앱티브는 소프트웨어를 설계한다. 2023년부터는 로보택시 형태로 상업화를 진행할 예정이라 한다.

앱티브로서도 현대차그룹과의 합작 회사 설립은 상당히 의미 있는 움직임이다. 일단 하나의 거대한 비용 집중 발생 사업을 개별 사업으로 분리해서 운영할 수 있다. 자율주행사업은 매출이 발생하는 단계가 아니므로 매 분기 실적을 발표하고, 단기적으로도 주주들을 위한 친화 정책을 보여야 하는 상장회사로서는 단기적으로 보여줄 거리가 필요하다. 그 전 앱티브의 회사 구조에서 이는 사실상 불가능에 가깝다. 따라서 앱티브로서도 외부 업체와의 협력 관계 구축이 매우 절실한 상황이었을 것으로 추측되며, 특히 막강한 자금력과 풍부한 차량 주행 데이터, 세계 각국에 연구개발 거점을 세울 수 있는 현대차그룹은 너무 매력적인 파트너였던 셈이다.

피스커: 이제 다시 한번 도약할 차례

2000년대 다양한 스타트업들이 실리콘 밸리에 출몰하던 무렵, 당시 언론을 떠들썩하게 만든 자동차 회사가 바로 피스커 오토모티브다. 덴마크 출신의 유명 자동차 디자이너였던 헨릭 피스커는 당시 처음부터 순수 전기차를 출시했던 테슬라와는 다르게 플러그인 하이브리드(PHEV) 방식의 스포츠카 모델인 '카르마'를 출시한다. 출시 당시에는 상당히 센세이션을 일으켰고, 배우 리어나도 디캐프리오(Leonardo DiCaprio)도 초기 펀딩에 참여하면서 대중의 관심은 더욱 거세졌다. 잠재고객들 역시 앨 고어 부통령, 콜린 파월 국무장관 등 여러 유명인사를 포함하고 있었을 정도로 기대를 받았다.

하지만 2011년 카르마 모델이 정식으로 론칭되던 해, 배터리 리콜 사태가 발생하며 문제가 생긴다. 심지어 피스커에 단독으로 배터리 공급하던 업체 'A123'은 2012년에 한 번 더 배터리 리콜 사태를 겪으며 파산했을 정도다. 배터리 공급 업체의 파산은 피스커에도 직격탄으로 작용했고, 다른 대체 배터리 업체를 찾을 수 없었던 피스커 역시 파산하게 된다. 이렇게 파산한 두 업체를 중국의 완샹그룹이 2014년에 인수하면서 그 기술력은 고스란히 중국으로 넘어가게 된다.

그래도 다행히 상표권을 유지할 수 있었고, 이후 다시 설립한 회사가 바로 현재의 '피스커 Inc'이다. 현재 자동차 업체로서 피스커는 초입 단계이기 때문에 여러 가지 미션을 갖고 있다. 2025년에 연간 25만 대를 생산할 계획이 첫 번째 미션으로, 이를 달성하기 위해 초반에 두 개의 위탁 생산 전문 업체들과의 협업을 진행했다. 피스커 첫 번째 SUV인 '오션(Ocean)'은 2022년 4분기부터 마그나의 위탁 생산 공장에서 생산할 예정이다. 아직 출시 시기까지 굉장히 많이 남은 셈인데, 넘어야 할 산은 더욱 많이 남았다. 2020년 4분기에 공시한 약 10억 달러 정도의 현금을 가지고 대략 2년에 걸쳐 비용만 발생하는 고통스러운 시간을 보내야 한다. 이 시기를 잘 보내는 것이 향후 피스커의 운명을 가를 것으로 보인다. 아마 2022년 즈음이면 현재 보유한 10억 달러의 현금은 대부분 운영자금과 연구개발비 등으로 소진될 가능성이 큰 만큼 첫 차종의 성공에 사활이 달려있다.

　　한편 모델 오션 이후 후속 차종들은 마그나와 합작해서 만든 플랫폼인 'FM29'를 기반으로 양산할 계획이다. 최근 새롭게 전략적 제휴를 맺은 폭스콘과는 어떻게 관계를 풀어나갈지는 지켜볼 필요가 있다. 하나의 플랫폼 개발에 참여한 업체들 사이에도 각각의 IP가 따로 존재하기 때문에 문제가 발생할 여지가 있는데, 하물며 새로운 업체가 참여할 경우 수익구조가 난해해지거나 프로젝트가 지연될 가능성이 농후하다.

우선은 궁극적으로 CEO가 자체적으로 생산능력을 확보하겠다고 언급한 상황이다. 심지어 배터리 내재화까지 언급하기도 했다. 물론 완전한 내재화보다는 현재 존재하는 배터리업체와 협업하는 방향일 것으로 보인다. 아마 과거의 배터리 공급업체가 파산하면서 큰 타격을 입었던 기억이 아직 뇌리에 박힌 모양이다. 그만큼 피스커는 배터리 내재화에 대한 의지가 매우 강하다. 똑같은 실수를 다시 되풀이하고 싶지 않은 것은 만국 공통이니 말이다. 다만 아직은 조금은 먼 미래로 보이기는 한다. 이러한 대규모 투자는 차량의 판매가 시작된 후 원활한 현금흐름이 발생하기 시작한 이후에나 가능할 것이다.

피스커에서 한 가지 더 주의 깊게 봐야 할 점은 기업의 오너십이다. 일반적으로 스타트업들은 오너의 역량이 매우 크다. 오너에게는 큰 방향성에 대한 이해력과 외부의 참견에 흔들리지 않고 나아가는 능력이 요구된다. 이는 특히 자동차 산업처럼 산업의 규모가 크고, 천문학적인 투자비가 발생하는 사업일수록 더욱 요구되는 능력이다. 불행히도 과거 피스커 오토모티브를 운영하던 시절의 피스커는 기업을 완전히 장악하지 못했던 것으로 보인다. 계속해서 외부의 투자금을 받으면서 의사결정 권한이 점진적으로 약화된 것으로 보인다. 특히 사업의 끝자락에는 사실상 명목상 대표였고, 실제 CEO 는 기존 대형 자동차 회사들 출신 인력으로만 구성되었다. 당연히 기업의 큰 의사결정이 수시로 바뀌는 악효과가 생겼다. 그래서 테슬라의 일론 머스크는 처음부터 최고 의사결정 권한을 요구했었고, 이후에도 자기자본을 추가로 투입하면서 지속적으로 의사 결정권한을 확보한 것이다. 그래도 지금의 피스커의 구조는 한결 나아 보인다. CFO가 CEO의 아내인 데다가, 둘의 보유주식을 합치면 의결권이 약 92.2%에 달한다.

테슬라: 전기차 혁명의 주인공, 앞으로도 주인공일까?

테슬라는 최근 중국 내 판매감소 우려와 CEO의 가상화폐 트윗 등으로 인해 일시적으로 기업가치 훼손이 나타났으나, 한동안 7,000억 달러 이상의 기업가치를 기록하며 자동차 업체들뿐만 아니라 전 세계 주식시장에서 5번째로 높은 시가총액을 보유한 기업이기도 했다. 그 당시 테슬라보다 기업가치가 높은 업체들이라고 해봤자 애플, 아마존, 구글, 마이크로소프트 정도밖에 없었다. 이 상위 업체들의 경우 매출액 규모가 이미 2,000억 달러를 넘겨 사업 규모가 상당한 수준인 데 반해, 테슬라의 경우 2020년 기준 매출액이라고 해봤자 겨우 315억 달러에 불과하다. 그만큼 시장의 기대를 받는다는 말이기도 하다. 이 점은 지표로도 확인할 수 있는데, 주식시장에서 흔히들 성장주에 적용하는 전통 투자지표인 P/S(Price to Sales) 비율이 상위 업체보다 테슬라의 경우가 약 2배가량 높다. 심지어 더욱 널리 쓰이는 P/E 배수로 비교했을 때는 차이가 더 벌어진다.

물론 애플, 아마존 등 현재 세계 정상급 기업들도 모두 테슬라가 주식시장에 이름을 널리 알리기 전까지는 역시 고평가 논란에 시달려 왔다는 점을 다시 상기해보면, 현재의 테슬라의 기업가치가 합당한지, 아니면 구조적 성장성을 갖추고 있는 것인지에 대해 고민해 볼 필요는 분명히 있다.

크게 세 가지 관점에서 접근해 볼 필요가 있다. 먼저 테슬라는 분명 기존의 대형 자동차 업체에 비교해서 비즈니스 모델의 스펙트럼이 넓다. 이 점은 테슬라가 노리고 있는 시장의 규모 자체가 일반 자동차 업체들보다 넓다고 볼 수 있다. 둘째로 테슬라가 향후 3~4년 이내에 자동차 시장 내에서 차지하게 될 점유율에 대해 고민해볼 필요가 있다. 여기서 주의할 점은 순수전기차 시장에서의 시장 점유율이 아닌 전체 자동차 시장에서의 점유율을 봐야 한다는 점이다. 시장에 다양한 업체들이 신규로 진입하는 중이므로 테슬라의 순수전기차 시장 점유율은 감소할 수 있다. 이 부분에 초점을 맞추는 사람들도 분명 있을 것이기에 오해의 소지가 있는 부분이다. 그리고 마지막으로 자동차 회사가 아닌 플랫폼 기업으로 거듭날 가능성 역시 살펴볼 필요가 있다.

먼저 테슬라는 놀라울 정도로 소비자에게 높은 접근성을 보인다. 일론 머스크는 테슬라 초창기부터 '최고의 전기차'가 아닌 '최고의 차'를 만들기 위해 끊임없는 노력을 해왔다. 그래서인지 초반부터 소비자에게 테슬라의 인지도를 높이는 전략을 계속 펼쳐왔다. 테슬라의 세 가지 모델은 내연 기관으로 움직이는 경쟁차종들과 비교해서 대부분 앞선 퍼포먼스를 보여주면서도, 대부분의 경쟁 전기 차량과 비교해도 가장 앞선 주행거리 퍼포먼스를 보여줬다. 또한, 테슬라는 처음부터 충전시설인 '수퍼차져 충전소(Supercharger Station)'를 끊임없이 늘려왔다. 전기차 업체로선 자사 브랜드의 충전 네트워크는 사실상 하나의 홍보수단일 뿐만 아니라 신규고객 유치, 고객충성도 확보에 있어서 엄청난 효과를 불러일으킨다. 이러니 소비자들은 테슬라에 열광할 수밖에 없는 것이다.

이러한 소비자의 충성도를 확보한 이후, 테슬라가 확대하기 시작한 전략들은 상당히 다양하다. 먼저 가장 특이한 점은 배터리 생산의 내재화다. 전기차 생산에 있어 핵심 부품인 배터리의 내재화 전략은 지금까지 어떤 자동차 업체도 도전하지 못한 분야다. 배터리 투자는 유형자산을 상당한 규모로 투자해야하기 때문에, 자동차 회사 입장에는 자칫 잘못하면 득보다 실이 클 수도 있다. 현재 테슬라의 미국 생산에 필요한 배터리를 공급하는 네바다 공장의 경우 연간 50GWh의 생산능력을 확보하고 있는데, 이를 위한 초기 투자비용만 무려 50억 달러가량 발생했다.

기존 자동차 업체들의 진영에서 배터리 셀을 직접생산하는 것을 꺼리는 가장 큰 이유는 바로 비용 문제다. 그중 전기차 생산 전략에 있어 가장 적극적으로 나서는 폭스바겐그룹도 2019년부터 줄곧 배터리 자체생산 계획을 언급해왔으나, 실제로는 2023년이 되더라도 자체생산 여부가 불확실한 상황이다.

반면 테슬라는 2022년부터 본격 가동되는 베를린 공장과 텍사스 공장에서 '4680배터리'까지 병행해서 생산할 계획이다. 이 말은 곧 보유 중인 네 개의 자동차 생산 지점 중 절반에서 배터리를 양산하겠다는 것이다. 테슬라가 이러한 '모험'을 하는 가장 큰 이유는 바로 공급량 부족 때문이다. 테슬라에 공급해 줄 배터리업체가 없는 것이다. 2022년 테슬라의 예상 생산량을 약 150만 대로, 대당 평균 배터리 용량을 80kWh로 가정했을 경우 약 120GWh의 배터리 용량이 필요하게 된다. 현재 네바다 공장에서 공급되는 자동차용 배터리 생산량 35GWh를 제외해도 무려 85GWh의 배터리 용량이 부족한 셈이다. 이 수치는 2023년이면 다시 125GWh 이상으로 증가하게 된다. LG화학, 파나소닉, CATL 외에는 테슬라가 필요로 하는 양의 배터리를 공급해 줄 수 있는 업체가 없다.

통상적으로 10GWh 규모의 배터리공장 건설할 때 약 1조 원 규모의 자본이 필요하다. 물론 규모의 경제 논리에 의해 이 금액은 점차 하락하겠지만, 현재는 이와 같은 모험을 할 배터리업체는 없다고 보는 것이 맞다. 설령 있더라도 대부분 이미 오랫동안 얽힌 거래처인 자동차 업체와 거래하지, 신규고객을 위해 최소 5조 원 이상의 돈을 투자할 여력이 있는 업체는 없다고 본다.

규모의 경제

생산 규모가 늘어나면서 생산비가 절약되거나 향상되는 이익을 말한다. 일반적으로 대량 생산의 이익 혹은 대규모 경영의 이점이라고도 한다. 규모의 경제에 대해 알아보기 전에 생산비의 종류에 관해 먼저 알아야 한다. 생산비에는 재료비처럼 생산량이 늘어나면 같이 늘어나는 비례적 비용과 이자, 기기값 같은 고정 비용 등이 있다. 일반적으로 생산 규모가 늘어날수록 고정비 항목도 늘어나므로 일정 수준까지는 생산비가 절약된다.

이러한 형태의 시장구조는 결국 테슬라가 전기차용 대형 배터리산업에서 가격을 결정하는 데 가장 큰 입김을 불어 넣을 수 있는 업체가 될 가능성을 시사한다. 이유는 간단하다. 테슬라만큼 많은 배터리 용량을 공급할 회사가 거의 없기 때문이다.

한편 테슬라의 배터리 생산 내재화는 일반적인 자동차 업체들과 비교해서 다른 두 가지 구조적 이점을 보유하고 있다. 먼저 외부 업체를 사용할 때 발생할 수 있는 마찰을 최소화할 수 있는 점이다. 최근 현대차의 전기차 모델 '코나(KONA)'의 배터리 화재에 대한 현대차와 LG에너지 솔루션 간의 입장차이만 보더라도 알 수 있다. 결국, 양사가 리콜에 대한 부담금을 각각 부담하기로 했지만, 결론이 도출되기까지는 상당한 시간이 걸려 이후 마켓 타이밍 대응이라는 관점에서 상당한 기회비용이 발생했다.

분명 현재의 대형전지 시장은 공급자 우위의 성격을 띠고 있다. 그러나 전통적으로 수만 가지의 부품을 공급받아 조립하고 사용하던 완성차 업체 입장에서 이러한 배터리업체들의 스탠스는 받아들이기가 힘들 것이다. 테슬라의 경우 자신들이 사용하는 배터리를 모두 자사의 자동차를 생산하는 공장에서 같이 생산할 예정이기 때문에 이러한 마찰 자체가 발생하지 않는 셈이다.

두 번째로 현재 인력에 대한 문제다. 기존의 자동차 업체의 생산직들은 노동조합에 가입된다. 이로 인해 완성차에 소속된 생산직 직원들은 여러 가지 제도적 보호를 받는데, 이 중 대표적인 사항이 임금 수준이다. 자동차 부품업체의 다른 산업의 생산직과는 차별화된 임금 수준이 보장된다. 반면 통상적인 외부 배터리업체의 임금체계는 완성차와는 완전히 다르다. 항상 생산직들에게 높은 임금을 지급해야 하는 완성차 업체의 경영진들로선 배터리를 자체생산할 때 발생하는 높은 노동원가를 생각하면 수지타산을 맞추기 어렵다. 사실 일반적으로 자동차 업체들의 노조는 내연 기관 전용부품의 생산량 감소하면서 배터리 셀 자체생산을 요구하는 상황이긴 하지만 쉽지는 않아 보인다. 따라서 배터리 셀을 내재화하려는 기존의 자동차 업체들은 내부적으로 심각한 갈등이 발생할 수밖에 없는 구조다.

GM 같은 경우 자신들만의 배터리 물량 확보를 위해 LG화학과 합작 회사를 설립했는데, 기존의 자동차 조립공장에서 고용된 인력을 그대로 쓰지 않는 것으로 결정했다. 기존의 완성차 조립인력과는 다른 임금체계를 적용해서 생산직들을 고용하는 방법을 택한 것이다. 이런 상황에서 테슬라는 애초부터 미국 자동차 노동조합인 'UAW'의 가입을 이리저리 피해왔고, 결국 방어에 성공했다. 이로 인해 테슬라의 공장에서는 일반 자동차 회사에서 발생하는 생산인력과 경영진과의 갈등으로 인한 이슈가 발생하지 않는다.

테슬라의 비즈니스 모델의 또 다른 특징은 배터리 외에도 각종 핵심 부품을 자체적으로 생산한다는 것이다. 보통은 티어 1 부품업체들로부터 공급받지만, 테슬라는 회사 내부에서 공급 문제를 해결한다. 이 중 가장 기술집약적인 부분은 자율주행과 관련된 FSD 기능이다. 물론 파워트레인 분야인 구동모터, 인버터 등 대다수 부품을 자체적으로 설계하고 있지만, 일반 자동차 회사들과 극명한 차이를 보이는 점은 바로 이 자율주행 시스템이다. 현재 전통 자동차 회사들이 사용하는 ADAS는 대부분 티어 1 부품업체가 공급하는 그대로의 부품이다. 설계 부분에 있어 권한 자체가 없는 경우가 많다. 이러한 시스템에 내장되어있는 소프트웨어의 설계는 일반적으로 티어 1 부품업체 고유의 영역이기 때문이다. 자신들이 제작하는 차량의 운영체제와 다른 운영체제에 기반을 둔 부품을 사용하기 때문에 자신들의 차량에 ADAS를 최적화시키기 어렵다. 게다가 기본적으로 현재의 완성차 업체들이 사용하는 자율주행 메인 칩은 레벨 2 이상의 자율주행에 적합하지 않은 모델이 많다.

게다가 데이터를 분석하는 칩의 기술력도 테슬라가 앞선 상황이다. 보통의 자율주행 칩들은 라이다, 레이더, 카메라 등 다양한 센서에서 모집되는 여러 가지 형태의 데이터를 해석 및 판단하는 이른바 '센서 퓨전'이라는 복잡한 수행과정을 통해야 하지만, 테슬라의 경우 오로지 비전 센서인 카메라만 사용하고 있기에 훨씬 단순한 구조의 임무만 수행하면 되는 것이다.

사실 과거에는 테슬라도 반도체 업체가 제공하는 범용 칩을 사용한 적이 있었다. 이전에 테슬라는 자율주행의 핵심 칩으로 모빌아이(Mobileye)의 제품을 공급받아 사용해왔으나, 기술적 한계를 실감하고 2016년 들어 반도체 칩 전문 업체인 엔비디아(NVIDIA)로 거래처를 바꾼다. 그러나 엔비디아 역시 테슬라가 요구하는 수준의 칩을 제공하지 못했다. 자율주행에 대응하기 위한 칩 설계 자체를 기존의 외부 반도체 업체가 더 이상 수행할 수 없는 것이다. 범용성을 가진 칩의 한계가 여실히 드러난 부분이라고 볼 수 있다. 이에 테슬라의 자율주행 컴퓨터의 버전이 높아짐에 따라 자체적으로 기존의 플랫폼 대비 10배 이상의 처리성능을 갖춘 자체 AI Chip을 설계하기 시작한다. 이후부터 테슬라는 차후 자율주행 시스템 설계를 완전 내재화할 것을 선언한다. 여기서부터 기존의 내연 기관 업체들과는 큰 격차가 벌어진 것이라 볼 수 있다.

'기존 자동차 업체들이 전기차 시장에 진출하면서 테슬라의 시장 점유율은 하락하고 이는 기업가치의 하락으로 이어질 수 있다.' 현재 시장의 관점에서 테슬라에 대해 가장 많이 오해하는 부분이 바로 이것이다. 이러한 주장은 왜곡된 결론으로 이어지기가 쉬우므로, 투자할 때 매우 조심해야 한다. 사실 순수전기차 업체인 테슬라에게 전기차 시장 내에서의 점유율은 크게 중요하지 않다.

오히려 순수전기차 시장의 시장 점유율은 이제 막 시장에 진출하기 시작한 기존 자동차 제조사들에 더 중요한 지표다. 시장이 급격하게 형성되는 초기 시장의 시장 점유율 내연 기관 업체들의 향후 경쟁력을 판가름할 수 있는 중요한 척도이기 때문이다. 하지만 결국 자동차 업체들의 장기 기업가치를 확인할 수 있는 지표는 전체 자동차 시장에서의 점유율이다. 따라서 테슬라 역시 전체 자동차 시장에서의 점유율을 가지고 기업가치를 가늠해야 한다. 2025년 기준 전체 자동차 시장은 약 8,000만 대 규모의 시장이 될 것으로 예상 중인 가운데, 현재 테슬라의 페이스는 2025년이면 300만 대 정도의 판매량을 달성할 가능성이 충분해 보인다. 이를 점유율로 환산하면 약 4% 가량으로 2020년 테슬라의 글로벌 시장 점유율 0.7%와 비교했을 때, 거의 5배 이상 증가한 수치다.

마지막으로 테슬라의 장기 과제 중 가장 중요한 부분이자, 향후 테슬라의 파괴적인 힘이 될지를 결정하게 될 부분이 바로 테슬라가 플랫폼 기업으로 주식시장에서 인정받을 수 있는가, 하는 점이다. 플랫폼 업체로 인정받기 위해서는 '네트워크 효과'가 매우 뚜렷해야 한다. 현재 자본시장에서 스포트라이트를 받는 인터넷, 소프트웨어, 핀테크, 승차 공유 등의 업체들은 모두 강력한 '네트워크 효과'를 보유하고 있다. 네트워크 효과란, 한 사용자가 그 네트워크에 진입했을 때 사용자 전부에게 더 많은 가치를 가져다주는 동시에 네트워크의 가치가 기하급수적으로 상승하는 현상을 말한다. 네트워크 효과의 특징은 한번 네트워크 효과과 뚜렷한 시스템에 익숙해지면, 쉽게 다른 서비스로 움직이지 않게 되는 잠김(lock-in) 현상이 발생한다는 것이다. 네트워크 효과의 사례는 멀리 가서 찾을 필요 없이 우리의 삶 가까운 곳에 있다. 카카오톡. 우리가 매일 사용하는 메신저부터가 네트워크 효과가 뚜렷한 플랫폼이다.

물론 자동차 회사의 경우는 완전히 다르다. 테슬라에 적용되고 있는 네트워크 효과는 크게 두 가지인데, 첫 번째는 일방적인 밸류체인을 통합하고, 테슬라 슈퍼차저 스테이션을 늘리면서 나타나는 생산원가 절감을 통한 품질과 서비스의 향상 정도이다. 여기까지는 전통 자동차 업체들도 모두 이미 하고 있던 영역이고, 크게 특이하지도 않다.

그러나 두 번째의 경우는 완전히 다르다. 테슬라를 자동차가 아닌 하나의 컴퓨터로 인식하게 되는 순간 네트워크 효과가 발동한다. 테슬라는 궁극적으로 로보택시 서비스를 론칭하고자 하고, 이를 위해 머신러닝 기반의 자율주행 시스템을 구축하고 있다. 현재 테슬라의 핵심 LV. 2 자율주행 시스템인 오토파일럿에서 사용할 자율주행 데이터를 수집하는 중이다. 이 데이터는 다시 머신러닝을 통해 오토파일럿의 기능을 향상시키기 위해 쓰이기 때문에 OTA를 통해 향상된 오토파일럿의 기능을 다른 테슬라 소유주들이 누릴 수 있다. 이러한 방식은 테슬라가 정해진 지도나 GPS를 통한 자율주행 기능을 구현하려 하지 않는 이유와도 일맥상통한다. 머신러닝을 통해 지도나 GPS보다 훨씬 더 높은 정확도를 보유한 프로그램을 만들려는 것이다. 이처럼 결국 테슬라의 네트워크 효과의 핵심은 데이터인 셈이다.

데이터를 통해 로보택시 기능을 한층 더 올리거나, 한층 더 나은 로보택시 서비스를 구현하는 과제가 테슬라에게 남은 것이다. 2020년 2월에 열린 한 머신러닝 콘퍼런스에서 테슬라의 AI 담당 임원 안드레이 카르파티(Andrej Karpathy)는 이미 테슬라는 반자율주행 모드로 실시한 주행거리가 이미 30억 마일에 달한다고 밝혔다. 이를 토대로 MIT의 AI 교수 렉스 프리드먼(Lex Friedman)은 2021년에는 이미 50억 마일을 넘어선 것으로 추정한 바 있는데, 이 수치는 라이다를 활용한 자율주행 진영의 대표주자인 웨이모의 주행거리인 3천만 마일과 격차가 갈수록 확대되고 있음을 의미하고 있다. 정리해보면, 테슬라는 아래 그림처럼 내 차량의 주행 데이터가 결국 오토파일럿의 성능을 향상시키거나 또 다른 오토파일럿이나 테슬라 차량의 구매를 촉진하는 역할을 하게 된다.

유저 증가로 데이터 확보, 다시 자율주행 기능 향상으로 이어지는 선순환

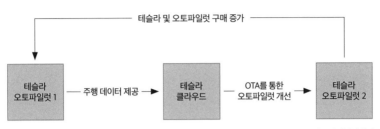

출처: 이베스트투자증권 리서치센터

베오니어: 가장 빠르게 성장하는 부품 회사

모빌리티 시장에서 가장 빠르게 성장하는 기술은 자율주행 기술이다. 그렇다면 자율주행 기술에 가장 많이 필요한 부품은 무엇일까? 많은 자동차 회사들은 미래의 자율주행 기술의 도입에 앞서 ADAS를 선택하고 있다. 이를 통해 레벨 2 수준의 자율주행 기술을 달성 중이다. 그러는 한편 티어 1 부품업체들도 마찬가지로 앞다퉈 ADAS를 개발하고 있다.

자율주행 보조시스템은 여러 가지 복합적인 소프트웨어가 운집되어있는 스택의 형태를 띠며 유형자산의 비중이 작다. 즉 대부분의 자동차 부품 대비 큰 폭의 마진을 확보하는 것이 가능하다는 말이다. 또한, 일반적인 대형 섀시 부품(보디, 램프 등 주로 외장 부품)의 경우 완성차의 제품개발의 완전초기인 출시 2~3년 전부터 수주가 결정되지만, 소프트웨어 기반 제품인 ADAS 시스템은 사실상 1~2년 전에 수주가 결정되는 경우가 많다. 매출의 유연성 자체가 기존 자동차 부품과는 다른 성격을 띠고, 그만큼 성장 구간에서는 매출 성장세가 빠르게 나타날 수 있다. 현재 베오니어 매출의 절반가량이 ADAS에 집중되어 있으며, 최근의 수주 역시 ADAS 위주로 크게 증가하고 있어 타 티어 1 부품업체들보다 유난히 미래 성장성이 부각되고 있다.

베오니어는 앱티브와 마찬가지로 2018년에 기존 모회사인 오토리브에서 인적분할되어 탄생한 회사다. 오토리브는 전통적으로 ADAS와 같은 액티브 세이프티(Active Safety)와 안전벨트나 에어백 같은 패시브 세이프티(Passive Safety)를 주로 공급하던 티어 1 부품업체다. 1953년 자동차용 안전벨트 공급업체로 시작한 오토리브는 이후 수많은 인수합병을 거쳤고, 1980년 일렉트로룩스(Electrolux)에 인수되면서 회사의 전장사업이 확대되기 시작한다.

오토리브는 스웨덴의 지역 특성상 자동차 제조사 볼보로 공급되는 부품의 비중이 크고, 특히 유럽의 주요 자동차 회사들에 안전과 관련된 모든 제품을 공급한다. 오토리브 이사회는 2016~2017년에 걸쳐 중대한 결정을 하게 된다. 이 결정이 바로 액티브 세이프티 제품과 패시브 세이프티 사업을 분리하는 작업이었다. 이때가 자동차 업체들이 양산하고 있던 차량에 탑재하는 ADAS라는 개념 자체가 생긴 시점으로 이를 대비하기 위해 미래 자율주행 기술에 대한 선행개발이 한창이던 티어 1 부품업체들은 사업부를 나눌 필요성을 절실하게 느끼고 있었다. 이미 추가 연구개발비용 부담이 크지 않은 에어백, 안전벨트 등의 사업과 연구개발 비용 부담이 매우 큰 ADAS 사업이 하나의 회사에서 공존하는 것 자체가 어렵기 때문이다.

따라서 2018년에 오토리브의 이사회는 이 ADAS 사업을 중심으로 한 사업부를 베오니어라는 이름의 독립적인 회사로 분할시키게 된다. 베오니어는 현재 ADAS 분야에서 보쉬, 앱티브, 마그나 등의 세계적인 부품업체와 주로 경쟁하고 있다. 자동차용 소프트웨어 업체가 만든 소프트웨어를 사용하는 기존 비전 시스템 방식이 아니라 자체 소프트웨어 설계를 통해 경쟁력을 키워왔다. 비슷한 시스템으로 테슬라의 FSD가 이에 해당하는 구조고, 역시 테슬라도 자체 소프트웨어를 설계할 역량을 갖추고 있다. 한편 분할 직후인 2019년에는 연구개발 인력의 충원을 위해 약 7억 달러에 가까운 증자를 단행했지만, 그 이후 코로나19가 터지는 탓에 약 6~7개월가량 추가적인 매출 상승이 이뤄지지 않으면서, 아직까지는 재무적인 손익 턴어라운드가 이뤄지지 못했다.

베오니어의 사업 구조는 현재 액티브 세이프티, 안전벨트 제어 (Restraint Control), 제동 장치(Brake System) 등 크게 3가지로 나뉘어 있으며, 대부분의 매출은 액티브 세이프티와 안전벨트 제어사업에서 발생한다. 각각 약 50%에 달하는 매출 비중을 차지하고 있다. 통제 시스템 부문은 대체로 안전벨트와 에어백 등과 관련된 전자제어 장치를 생산한다. 사실 이 안전벨트 제어사업은 꾸준히 수요가 증가하는 분야기는 하지만, 베오니어의 액티브 세이프티 분야와 비교하면 상대적으로 성장성이 높지는 않다.

그러나 액티브 세이프티 분야는 이미 현금흐름이 발생하고 있는 사업이자 ECU 소프트웨어를 설계하는 역할을 하고 있어 사업분할 시 베오니어로 이관한 것으로 보인다. 이처럼 베오니어의 최대 투자 포인트는 액티브 세이프티 사업, 즉 ADAS로 볼 수 있다. ADAS는 일반적으로 센서의 성능과 종류에 따라 구분되며, 베오니어는 카메라를 기반으로한 비전 시스템, 야간 비전 시스템, 레이더 시스템 그리고 가장 고도화된 통합시스템인 ADAS 전자제어 장치 및 라이다까지 풀 스택으로 제공한다. 특히 자체 개발 난이도가 높은 카메라 비전 시스템은 타 경쟁업체들과는 다르게 소프트웨어 개발부터 모두 수직 계열화가 되어있기 때문에 큰 경쟁력이 있다.

다시 말하지만 베오니어의 핵심은 ADAS 중에서도 'ADAS ECU'에 있다. 오늘날의 레벨 2 이상의 보조 자율주행 성능을 갖추는 자동차들은 수십만 가지의 외부 정보를 흡수해서 의사결정을 내릴 수 있는 통합 중앙 처리장치가 필요하다. 여기에는 고성능 칩을 중심으로 해서 서로 다른 성질의 데이터, 즉 도메인을 통합하고 의사결정을 내리는 시스템이 필요한데, 이게 바로 ADAS ECU다.

자동차 회사들은 일반적으로 ADAS를 외부 업체에서 공급받는데, ADAS마다 각각의 운영체제를 갖추고 있다. 그러기에 기존에 각각의 다른 운영체제 기반으로 만들어진 각각의 전자제어 장치들을 복합적으로 통제하는 이러한 형태의 통합시스템이 필수적인 것이다. 따라서 글로벌 자동차 회사들은 대부분 이러한 형태의 ADAS ECU를 몇몇 글로벌 티어 1 부품업체들을 통해 공급받고 있으며, 베오니어도 이에 맞춰 다양한 글로벌 고객사들로 ADAS ECU를 공급 중이거나 공급할 계획이다.

이 중에 눈여겨볼 부분은 볼보와 세운 자율주행 합작 회사인 제뉴이티(Zenuity)에서 이 사업에 대해 중점적으로 개발을 해 왔고, 볼보의 전기차 브랜드인 폴스타(Polestar) 모델에도 베오니어의 ADAS ECU가 탑재되었다는 점이다. 베오니어는 지역 특성상 볼보 자동차로 공급하는 부품 비중 높다. 볼보의 약진이 베오니어의 성장으로도 이어지는 것이다.

게다가 기업의 안정성을 위해 다양한 업체와도 거래를 맺어 판로를 다양하게 갖추고 있다. 거래를 맺은 기업은 총 17개로 많은 글로벌 자동차 회사로 부품을 공급하고 있다. 사실상 글로벌 ADAS 시장에서는 가장 선두업체로 볼 수 있다. 심플하게 국내에서 ADAS를 공급하고 있는 현대모비스와 만도의 주요 고객사가 현대차와 기아차에 국한되어 있는 점을 생각해보면 전체 시장 장악력에서 우위를 점하고 있다는 것을 알 수 있다.

다만 베오니어는 자체 기술개발에 투자하는 데 비용을 많이 들이고 있어 아직까지 적자구조가 지속되고 있다. 특히 R&D비용이 전체 매출에서 차지하는 비중이 24~25% 수준에 달한다. 이미 수주가 완료된 프로그램들의 매출이 집중적으로 발생하는 구간인 2022~2023년부터 손익개선이 가능할 것으로 기대한다.

레벨 2 이상의 자율주행 시장이 확대됨에 따라 전체 ADAS 시장은 매우 빠르게 성장하고 있다. 특히 자동차 업체들은 대부분 레벨 3 자율주행 시스템의 상용화를 앞두고 있어 ADAS 고도화에 대한 수요가 상당히 크다. ADAS 시장의 규모는 2020년 글로벌 기준으로 약 80억 달러로 추정되는 한편 2026년에는 약 260억 달러에 달하리라 추정 중이다. 현재 베오니어의 ADAS 사업 규모는 연간 약 10억 달러에 조금 못 미친다. 최근의 자동차 반도체 공급영향 등으로 매출 자체가 일시적으로 주춤한 것을 감안한다면, 이후부터는 향후 가파른 외형성장을 기대해 볼 수 있을 것이다.

이 책을 통해 소개한 기업들과 산업에 대한 내용들은 앞으로 변화할 모빌리티 산업의 아주 조그마한 일부분일 뿐이다. 2025년, 2030년에는 지금의 패러다임은 더욱 진화할 것이고, 이에 따라 기존의 경쟁 구도는 결국 바뀔 수밖에 없다. 테슬라가 당분간은 모빌리티 시장의 뚜렷한 지배자로 군림 중이나, 이 또한 영원히 지속될 수는 없는 법이다. 설령 영원히 지속된다 하더라도 테슬라 외에도 강력한 경제적 해자를 갖춘 유의미한 업체들은 무수히 많을 것이기 때문에 결국 모빌리티 산업 내 경쟁 구도에 대한 스터디를 손에서 놓지 말아야 한다.

이 책이 나오기까지 많은 고민을 했다. 자동차 산업이 바뀌는 속도는 너무나도 빠르고, 정말로 이제는 산업의 한 획을 긋는 일련의 사건들이 거의 매일 쏟아져 나오다시피 하고 있어 이 모든 정보를 하나의 집합적인 주제와 영역을 단지 책 한 권으로 모든 걸 표현하기란 굉장히 어렵기 때문이다. 그러나 어쨌든 모빌리티 산업에 종사하거나 투자자로서 알아야 할 필수적인 내용은 대부분 담아보려고 노력했다. 또한, 자동차와 관련된 산업들이 향후 진화하는 모습과 반드시 알아야 할 기업들에 대해서도 언급을 했다. 특히 우버, 리프트, 테슬라, 앱티브, 마그나, 피스커, 비오니어 등은 현재 자동차와 모빌리티 산업의 진화를 최전선에서 있는, 아무리 강조해도 지나치지 않을 기업들이다.

나는 그동안 자동차 애널리스트로 근무하며 대부분의 시간을 현대차그룹과 국내의 협력 업체들을 분석하고 이 업체들의 미래 기업 가치 평가를 하는 데 할애해왔다. 분명 현대차그룹은 이후에도 지금까지 해온 이상의 업적을 이루리라 믿는다. 다만, 앞으로는 분명 디지털 혁명과 에너지 패러다임 전환을 모두 섭렵해야 할 만큼 경쟁 강도가 높은 환경이 예상되며, 사방에서 도전해 오는 신흥업체들과의 경쟁 구도는 피할 수 없기 때문에, 다양한 경쟁을 통해 지금보다 강한 기업집단으로 거듭나길 바란다. 여기서 중요한 점은 결국 산업

내 경쟁 구도다. 나는 이 책을 통해 독자들이 이미 친근한 현대차와 기아차와 글로벌 시장에서 파죽지세로 나타나고 있는 신흥 경쟁업체들을 기존 경쟁자들과 비교해보기를 바란다. 이 책에서 다루지 못했던 모빌리티 산업 변화의 일부는 독자들에게 맡긴다. 너무 걱정할 필요는 없다. 주요한 업체들이 어떤 전략을 펼치는지 이해하는 데 도움이 될 수 있도록 여러 가지 사례를 들어봤다. 이를 통해 이 책이 모빌리티 산업의 바텀 업(bottom up) 리서치 용도로도 요긴하게 사용될 수 있기를 바란다.

마지막으로 이 책이 출간될 수 있도록 처음부터 끝까지 물심양면으로 힘써주신 베가북스 관계자분들과 산업과 기업에 대한 통찰력을 높일 수 있도록 항상 도움을 주시는 윤지호 센터장님, 기업과 주식 시장을 연결해주시는 염승환 부장님께도 깊은 감사의 말씀을 전한다. 그리고 만삭인 가운데에도 글쓰기에 집중할 수 있도록 도와준 사랑하는 아내와 이 글을 쓰는 가운데 건강하게 세상에 나와준 쌍둥이 아들 서진이와 하진이에게 이 책을 바친다.

나는 다시 자동차 산업 분석 업무에 몰두하며 당분간 애널리스트 본연의 업무에 치중할 계획이다. 특히 국내 주식 시장의 자동차 업종은 그 어느 때보다도 많은 변화가 이뤄지고 있으며, 이 업체들의 미래 가치에 대한 적절한 가치평가가 애널리스트로서 해야 할 본연의 업무다. 이 책을 쓰고 있는 동안에도 일이 많이 늘어난 셈이다. 투자자 입장에서는 분명 이러한 변화는 엄청난 기회가 될 수 있으며, 이 책을 통해 조금이나마 도움이 되길 바란다. 내가 작성하는 리포트 내용은 이베스트투자증권 홈페이지에서 얼마든지 열람이 가능하니 투자에 참고하기 바란다. 자, 그럼 건투를 빈다.

국내와 해외 기업을 모두 담은

모빌리티 종목

TOP PICK

20

국내 기업

1 현대차 (005380)

기업 개요

연간 500만 대 정도의 자동차 생산 능력을 갖추고 있으며, 국내의 울산/아산/전주 공장 외에 미국, 체코, 중국, 인도, 러시아, 브라질 등에 제조기반 보유. 1967년 설립되었으며, 포드자동차, 미쓰비시 자동차로부터 핵심 기술들을 이전받으며 성장. 2000년부터는 해외사업을 가속화, 인도/미국/중국 순서로 적극적으로 진출. 2008년에는 직분사 방식인 GDI 엔진의 본격 양산으로 미국 시장 점유율 확대 성공. 이후 전기차 전용 플랫폼인 E-GMP 개발, 2021년부터 본격 양산에 들어감. 정의선 회장 체제로 전환되며 장기적으로 사업 구도는 자동차 50%, UAM 30%, 로보틱스 20%로 만들겠다는 계획을 발표.

가치 분석

시가총액 50조 원. 자동차 사업, 금융 사업, 기타 사업으로 크게 사업이 구분되어 있으며, 금융 사업의 경우 현대카드를 제외하고 대부분 자동차 판매와 연동된 사업 구조. E-GMP를 기반으로 전기차로 빠른 전환이 향후 기업가치의 핵심

최근 이슈

• E-GMP 첫 라인업인 아이오닉5 출시 일정과 맞물려 반도체 공급 차질 영향으로 인해 기존 계획보다 전기차 양산 지연.

• 미국 현지투자 강화 발표. 전기차, UAM, 수소 인프라, 로보틱스에 걸쳐 5년간 총 8조 4,000억 원 투자 발표. 미국의 전기차 보조금 확대에 부응하기 위해 전기차 생산량 증가 계획.

최근 주가 동향

반도체 공급영향 차질로 인한 생산 차질의 우려가 2021년 상반기의 주요 이슈.

2 기아 (000270)

기업 개요

현대차가 지분 33%를 보유하고 있는 현대차그룹의 핵심 완성차 브랜드. 연간 330만 대 규모의 생산능력을 보유하고 있으며, 미국과 유럽은 사실상 현대차와 동일한 지역에서 현지 생산을 하는 구조. 현대차와는 다르게 금융 사업은 갖추고 있지 않음. 국내공장에서의 사업 규모는 현대차와 유사(연간 170만 대 vs 현대차 180만 대)하나, 브라질, 러시아 등 신흥국 비중은 낮은 편. 제네시스와 같은 럭셔리 브랜드가 아닌 자체 기아 브랜드에서 브랜드 이미지 등을 업 스케일하는 전략을 펼치는 중.

가치 분석

시가총액 34조 원. 국내사업, 미국, 인도 사업이 기업가치의 핵심. 전반적으로 SUV/RV 차종에서 현대차에 비해 고객 충성도가 높은 편. PBV(BtoB 위탁생산사업)의 시작으로

2024~2025년부터는 현대차 대비 전기차 생산 능력이 상대적으로 높아지게 되는 구조로, 모빌리티 혁신이 가시화됨에 따라 주목해야 할 사업 부문이 다수 존재.

최근 이슈

- 현대차와 함께 미국 전기차 투자 확대 발표. 하반기 양산될 E-GMP 차량인 EV6 공개
- 브랜드 전략 중 하나로 브랜드 로고를 기아차에서 기아로 변경.

최근 주가 동향

연초 애플카 위탁 생산 기대감 형성. 차후 PBV 사업 방향성이 기업가치의 주요 변수 중 하나.

③ 현대모비스 (001230)

기업 개요

국내 최대 자동차 부품 회사로 주로 현대차와 기아에 필요한 핵심 부품, 모듈 제조와 A/S 부품 사업을 보유한 종합 부품 회사. 핵심 부품 사업은 다시 조향, 제어, 현가, 램프, 인포테인먼트로 구분되며, 최근에는 전동화 사업을 본격적으로 확대하기 시작. 현대차의 최대 주주이기도 하며, 기아의 지분법 이익 대상.

가치 분석

시가총액이 약 26조 원으로, 글로벌 티어 1 부품 회사들과 동등한 수준의 기업가치 보유. 핵심부품 사업은 R&D투자 비중이 매출액 대비 9% 수준에 달하는 업계 최고 수준이며, 이를 통해 자율주행, 전기차 부품 등 신성장 분야로 본격 진출 중. 현대차그룹 차원에서 투자하는 미래 사업에 본격적으로 동반 투자하고 있다. 보스턴 다이나믹스 인수, 앱티브와 만든 합작 회사 모셔널 등에 동반 투자 중.

최근 이슈

• 현대오트론의 반도체 사업부 양수를 통해 자동차용 반도체 설계 기술 확보.
• 현대차에 공급되는 수소차의 핵심부품인 수소 연료 전지 공장을 기존 충주에서 인천 공장으로 확장.

최근 주가 동향

차량용 반도체 공급의 차질 확산으로 인해서 실적 둔화에 대한 우려 발생. 주가 재평가 지연.

4 만도 (204320)

기업 개요

국내 굴지의 자동차 부품 업체이자 다수의 글로벌 고객사를 보유 중인 자동차 섀시, 자율주행 시스템 전문 업체. 과거 한라그룹의 계열사로, 만도기계로 출발해서 해외 자본으로 매각. 이후 한라그룹으로 2009년 편입된 후 2010년 주식 시장에 상장. 제동, 조향, 현가 등 자동차 대표 3대 섀시를 주력으로 공급하고 있으며, 최근에는 자율주행 보조 시스템(ADAS)의 매출이 크게 증가. 자율주행 차량에서 필요로 하는 포트폴리오 다수 확보.

가치 분석

시가총액 3.1조 원. 사업 영역 특성상 제동(브레이크 시스템)과 ADAS 사업에서 상대적으로 강점을 갖고 있음. 매출 비중은 현대차그룹으로 공급되는 비중이 50% 가량이며, 나머지는 GM, 포드, BMW, 폭스바겐그룹 등으로 공급. 기존 전통 섀시에서 벗어나 SBW(Steering by Wire), IDB(Integrated Dynamic Brake) 등 전기차 부품으로 포트폴리오 확장, 향후 전기차 시장 확대 시 매출 증대 가능.

최근 이슈

- 미국 전기차 스타트업과 협업, 공급 확대. 향후 전기차 포트폴리오 증가 기대.
- 글로벌 전장 부품 업체 헬라(Hella)와의 레이더 센서 제작 합작 회사였던 만도 헬라의 지분과 한라홀딩스 지분의 50%를 모두 인수. 이를 통해 ADAS 사업 고도화 및 본격화가 가능해짐.

최근 주가 동향

2019년부터 본격적으로 중국 사업 및 국내 일부 공장을 통해 구조조정, 수익성 개선 작업이 진행되며 주가 재평가 진행 중.

기업 개요

국내 최대 자동차 공조 부품 업체이자 세계 최대 자동차용 공조 전문 업체. 과거 한라공조로 시작해, 현재는 한온시스템으로 사명 변경. 최대주주는 한앤컴퍼니와 한국타이어앤테크놀로지. 전 세계적으로 자동차용 공조 전문업체는 덴소, 한온시스템, 산덴, 말레 등이 과점 체제를 갖추고 있으며, 전기차에서는 내연 기관 대비 고도화된 열관리 시스템이 요구되고 있어 이에 부응하는 기술을 갖추고 있는 업체는 덴소와 한온시스템으로 압축됨.

가치 분석

시가총액 9조 원으로 공조 시스템으로 집중된 사업 구조에 대한 프리미엄이 존재. 전기차용 공조시스템은 내연기관과는 다르게 배터리 및 기타 전자 장치에서 발생하는 폐열을 회수해 난방용으로 활용하는 히트펌프 시스템 방식이 필요. 이를 통해 겨울철 주행 거리 감소를 약 10% 수준까지 통제할 수 있음.

전기차 판매 대상이 기존 얼리어댑터에서 대중으로 옮겨가면서 겨울철 주행 거리의 중요성은 갈수록 강조될 전망이기 때문에 기존 공조시스템 사업자들의 지위는 더욱 올라갈 것으로 예상. 히트펌프 기능을 동반한 공조 시스템은 특성상 설계가 복잡해 한온시스템, 덴소와 같은 업체들은 시스템 단위로 부품공급이 이뤄지고 타 부품 대비 상대적으로 높은 수익성 확보가 가능.

최근 이슈

• 일본 혼다 계열 부품사인 케이힌의 유럽, 북미 콘덴서 사업을 인수. 이를 통해 글로벌 고객사들의 열관리 시스템 적극 대응이 가능해진 구조로 진화.

• 현대차 E-GMP의 수주 확보와 지속적으로 글로벌 자동차 회사로 공급되는 시스템 수주 확보.

최근 주가 동향

연초 자동차 섹터의 랠리 이후 횡보 구간 지속. 차후 전기차 매출 비중 확대에 따른 펀더멘털 개선세를 주목할 필요가 있음.

해외기업

6 General Motors Company (GM)

기업 개요

미국 최대 자동차 회사이자 폭스바겐, Toyota와 더불어 전 세계 3대 자동차 메이커 제조사. 전 세계적으로 연간 약 700만 대 정도 판매하고 있으며, 지역별 판매 비중은 미국 40%, 중국 50%, 기타 10%. 미국 내 세그먼트별 판매 비중은 픽업 트럭과 SUV가 90%를 차지, 주로 대형 차종에서 판매가 대부분 판매가 발생함. 보유한 브랜드로는 쉐보레, 캐딜락, GMC, 뷰익.

가치 분석

중국 사업의 경우 50:50 합작 회사이기 때문에 영업이익의 핵심은 미국 판매에서 결정. 기업 가치는 전통적으로 낮은 밸류에이션으로 거래되어왔음. 미국 내 시장 점유율은 18%로 1위지만, 그만큼 내연 기관에서 전기차로 전환은 쉽지 않음.

최근 이슈

• 전동화를 빠르게 진행 중. 미국 빅3 업체 중 가장 빠르게 전동화를 추진 중. 2022년부터 'BEV3'라는 차세대 전기차 전용 플랫폼 양산 시작.

• 자율주행 사업인 크루즈가 상장하면 지분 가치를 반영할 필요가 있음. 최근 마이크로소프트, 월마트 등의 추가 투자로 크루즈의 지분 가치는 300억 달러로 증대. GM의 지분율은 82.7%.

최근 주가 동향

코로나19 이후 자동차 수요 급증으로 인한 실적 개선으로 빠르게 기업 가치가 상승 중

7 Daimler (DAI.DE)

기업 개요

글로벌 최대 프리미엄 자동차 그룹. 메르세데스 벤츠, 다임러 트럭, 다임러 밴, 다임러 버스를 통해 연간 약 300만 대의 자동차를 판매 중. 중국의 경우 BAIC(북경기차)와 합작형태의 파트너십으로 진출. 글로벌 자동차 회사 중 가장 오래된 회사 중 하나이며, 1924년 칼 벤츠와 고틀리프 다임러가 각각의 회사를 합병하며 설립. 자동차 업체 중 파워트레인 기술이 가장 뛰어나 엔진 및 변속기 등을 외부 경쟁 업체로도 판매해 옴.

가치 분석

2020년 연간 영업이익 60억 유로 발생(한화 약 9조 원). 2021년은 13조 원 이상 발생 가능한 상황임을 감안하면 지속적인 주가 재평가를 기대해도 좋다. 지리자동차, 북경기차가 각각 9.7%, 5%의 지분을 보유하고 있으며, 미래 가치의 핵심 중 하나인 배터리 사업은 이미 중국에서 본격화되고 있어 향후 중국 사업이 기업 가치에 있어서 미국보다 점차 중요해질 것.

최근 이슈

• 다임러 그룹 이사회는 사업적 연관성을 고려해 다임러 트럭 사업을 인적 분할해 상장시키기로 지난 2021년 2월에 결정. 이를 통해 메르세데스 벤츠, 다임러 밴, 다임러 모빌리티가 하나의 자동차그룹으로 존속하고, 다임러 트럭은 독립적인 경영을 하게 됨. 특히 트럭 사업은 수소 연료 전지 등 타 사업과의 파워트레인 차별화를 실시할 계획.

• 지난 하반기, 장기전략 발표회에서 다임러 그룹은 2025년까지 자체 운영체제인 'MB. OS' 개발 계획을 발표. 이를 통해 자율주행(엔비디아와 협업), 인포테인먼트, 차체제어, 동력계열 분야에 대한 제어 등을 자체 수직 계열화된 플랫폼을 구현하겠다는 계획을 발표.

최근 주가 동향

2020년 하반기부터 자동차 수요 급증, 공장 가동 정상화, 지배구조 개편 등을 통해 기업가치 정상화 진행 중

8 Volkswagen (VOW3.DE)

기업 개요

세계 최대 규모의 자동차그룹. 연간 1,000만 대 생산으로 토요타, GM과 더불어 글로벌 3대 자동차그룹. 그룹 산하에는 폭스바겐 자동차, 아우디, 포르쉐, 벤틀리, 람보르기니, 시트, 맨 등 다양한 스펙트럼의 자동차 브랜드 보유. 즉, 모든 수요층을 만족하는 자동차 브랜드를 보유한 구조. 최대주주는 '포르쉐 홀딩스'로 지분의 31.4% 보유.

가치 분석

시가총액 1,350억 유로로, 테슬라와 토요타 다음으로 3번째로 기업가치가 높은 자동차 회사. 개별 브랜드들은 일관된 파워트레인과 플랫폼을 공유해 잠재적으로 수익성 반등 시 크게 이익개선 실현 가능. 토요타와의 큰 차이는 미국 사업의 활성화 유무. 토요타의 경우 미국 내 점유율 2위 집단으로, 풀사이즈 SUV, 픽업트럭 등까지 풀 라인업을 보유한 한편, 폭스바겐의 경우 미국 내 점유율은 4% 수준에 불과.

최근 이슈

• 최근 배터리 데이를 통해 2030년까지 글로벌 배터리 공장 6곳을 지을 예정이며, 배터리 용량 240GWh에 대한 자체조달 계획을 발표. 2023년부터는 각형 배터리 도입을 통해 선제적으로 배터리에 대한 독립을 선언.

• 디젤게이트 이후 글로벌 전통 자동차 업체 중 가장 선제적으로 개발한 전기차 전용 플랫폼인 'MEB'의 핵심 모델인 'ID.4' 출시. 미국에서는 2022년부터 현지 테네시 공장에서 ID.4의 직접 생산 판매를 계획 중.

최근 주가 동향

2021년 파워데이 발표 전후 일시적으로 강세 시현. 차후 실적 정상화, ID.4 출시를 통한 순수 전기차 시장 점유율 확보가 기업가치의 결정적인 변수.

9 Nio (NIO)

기업 개요

중국의 순수 전기차 업체. 광저우 자동차 그룹을 통해 자동차 위탁 생산을 하고 있으며, 최근에는 자체 생산 설비 투자 시작. 2014년 중국 사업가인 윌리엄 리(William Li)가 설립했으며, 초기 투자자로는 텐센트, 테마섹(Temasek) 등이 포함. 현재 ES8, ES6, EC6 등 SUV 라인업만 생산하고 있으며, CATL로부터 배터리를 공급받음. 일반 전기차와는 다르게 '배터리 스왑' 방식을 사용. 테슬라와 유사한 FOTA(Firmware Over-The-Air)를 자체 운영 체제를 통해 활용하는 방식을 구현, 대부분의 전통 자동차 업체들보다 스마트카 시스템에 있어 빠른 행보를 보이고 있음.

가치 분석

전 세계적으로 가장 전기차 수요와 전망이 뚜렷한 중국 시장 내 리딩 전기차 메이커로, 높은 밸류에이션 지속 가능. 판매량 대비 시가총액의 단순 비교 시 테슬라와 유사한 배율로 거래. 시가총액/연간 판매량 = 60조 원/10만 대 = 대당 6억 원 가치로, 현재 시총 600조 원/100만 대 수준인 테슬라와 유사. 향후 유럽 등 해외 진출 가시화, 생산 능력 향상 등이 가치 향상의 시발점이 될 것.

최근 이슈

- 연초 'Nio Day'를 통해 첫 세단 차량인 'ET7'과 150kWh의 대형 배터리팩 공개.
- 2021년 9월부터 첫 해외 판매처인 노르웨이에 ES8을 시작으로 판매 시작 발표.

최근 주가 동향

연초 이후 주가는 테슬라와 동행. 금리 인상 등의 우려로 타 성장주와 마찬가지로 일방적인 조정 국면 지속.

10 Baidu (BIDU)

기업 개요

중국의 대표 인터넷 포털 기업으로, 2000년에 설립. 2013년부터는 자율주행 로보택시 사업을 시작했으며, 이를 위해 여러 글로벌 파트너들을 통해 오픈 소스 플랫폼인 아폴로(Apollo)를 설립. 이미 레벨 4 수준의 자율주행 버스는 2017년부터 본격적으로 만들어 운행하고 있음. 중국 내 최초 완전 자율주행 승차 공유 플랫폼. 로보택시 서비스인 아폴로 고(Apollo Go)를 설립했으며, 2022년 북경 동계올림픽을 겨냥해 공식 론칭 계획. 자율주행 사업 외에도 음성 인식 인포테인먼트 시스템인 'DuerOS Auto' 사업도 보유

가치 분석

동사 현재 사업은 크게 기존의 온라인 광고 매출와 기타로 구분. 향후 기업가치는 기타에 포함된 'AI 클라우드', '인텔리전트 드라이빙(Intelligent Driving)', '모빌 에코시스템(Mobile Ecosystem)'으로 구분. 이중 인텔리전트 드라이빙은 DuerOS Auto, 아폴로 고가 핵심.

로보택시 상업화에 따라 클라우드, 모빌리티 사업에서도 시너지가 발생하는 구조. 로보택시 산업은 2025년 기준 중국 내에서는 약 2,250억 달러 수준으로 빠르게 확대될 것이며, 아폴로 고가 바이두의 핵심 사업으로 인식되며 기업가치 상승 가능.

최근 이슈

- 지리자동차와 함께 3년 내 자율주행차 출시 발표. 향후 77억 달러를 투자해 바이두 55%, 지리 45% 지분구조의 합작 회사인 지두 오토(Jidu Auto) 설립.
- 이를 통해 3년 이내 중국 30여 개 도시에서 약 3천 개의 아폴로 고 로보택시 서비스 출시 예정.

최근 주가 동향

최근 빌 황의 헤지펀드인 '아케고스 캐피탈'의 청산으로 일시적인 수급 악화. 이를 통해 연초 고점 대비 주가 조정 발생.

11 Geely (HKG:0175)

기업 개요

중국 내 민간 자동차 회사 중 최대 규모. 연간 150만 대가량 판매하고 있으며, 판매량 대부분은 중국 내수에서 발생. 2010년 볼보 자동차를 18억 달러에 인수했으며, 이후 볼보 자동차는 손익 턴어라운드에 성공. 볼보와 공동으로 개발한 'CMA' 플랫폼 및 자체 고급브랜드인 링크앤코(Lynk & Co)를 바탕으로 2017년경부터 중국 내 판매량은 100만 대를 넘어서기 시작. 2017년에는 영국 스포츠카 브랜드인 로터스의 지분 51%를 인수.

가치 분석

홍콩 증권 거래소에 상장되어 있으며, 최근에는 자회사 볼보의 IPO도 추진. 자동차 업체들은 전통적으로 내수확장이 끝난 후 해외 진출을 하는 국면에서 밸류에이션에 부정적 영향을 받게 됨. 관세, 환율, 경쟁 구도 심화 등이 일반적인 밸류에이션 하향의 배경.

최근 이슈

- 중국 내 2020년 판매가 코로나19로 인해 2019년 150만 대에서 130만 대로 감소.
- 중국 최대 인터넷 포털기업이자 자율주행 로보택시 사업자로 부각되고 있는 바이두와 자율주행차 개발 및 양산을 위한 합작 회사 설립.

최근 주가 동향

2021년 초 이후로 글로벌 자동차 반도체 쇼티지 영향 반영, 주가 횡보.

12 Lordstown (RIDE)

기업 개요

미국 픽업 전기차 스타트업. 2018년 전기 트럭 업체인 워크하우스 그룹의 CEO 스티브 번즈(Steve Burns)에 의해 설립되었으며, 2019년 GM의 오하이오 공장을 인수하며 자체 생산 능력 확보. GM이 7,500만 달러를 초기 투자하며 이사회 의석 확보한 상태. 오로지 전기 픽업트럭만 공급을 계획하고 있으며, 2021년부터는 모델 'Endurance'를 시작으로 상업생산 계획.

가치 분석

생산 초기 단계이며, 따라서 생산 차질 발생에 따른 리스크가 존재하나, 향후 안정화 단계에서는 현금흐름 개선으로 인한 턴어라운드가 가능할 것. 테슬라의 경우도 2018~2019년 Model 3의 대량 양산 체제로 전환하는 과정에서 기업가치 변동성이 큰 폭으로 확대. 로즈스톤 역시 생산 안정화가 이뤄질 때까지 기업가치 변동성 확대 가능. 미국 자동차 세그먼트 중 가장 인기가 많은 픽업 트럭 전용 브랜드로, 지속적으로 수요는 뚜렷할 것.

최근 이슈

최근 2021년 1분기 실적발표 이후, 2021년 생산계획을 2,200대에서 1,000대로 축소한 바 있으며, 차량 론칭에 따른 비용 증가로 추가 자금조달이 필요하다고 발표.

최근 주가 동향

가이던스 하향, 미국 힌덴버그 리서치의 공매도 리포트 발간 등으로 상장 초기 대비 투자심리는 위축된 상태.

기업 개요

글로벌 티어 1 자동차 부품 업체로, 자동차용 시트 및 전장시스템(E-Systems)을 공급. 1917년, 'American Metal Products'라는 이름으로 설립되었으며, 주로 메탈 계열 부품을 공급해 왔으나, 1980년대 들어서는 여러 기업을 인수하기 시작. 이후 1999년에는 유나이티드 테크놀로지스의 자동차 사업부를 인수, 전장 사업부가 크게 강화되기 시작. 이후 기존 사업은 시트사업부로 진화되었으나, 2009년 금융위기의 여파로 파산보호 신청. 이후 시트 시스템, 전장 시스템, 커넥티드 카 시스템 위주로 사업확대 중

가치 분석

자동차부품 중 부가 가치가 높은 전장사업과 시트 사업이 주력 사업으로, 이후 자율주행 자동차에서 모두 부가 가치가 지속적으로 높아질 수 있는 사업을 영위. 내연 기관 전용 부품인 파워트레인 등에 대한 노출도는 제한적이며, 커넥티드카 분야 사업을 강화하는 방향성이 뚜렷. 장기적으로 일반 자동차 업체 대비로 높은 밸류에이션이 가능할 것.

최근 이슈

• 최근 글로벌 자동차 브랜드 피아트 크라이슬러와 배달 전문업체 그럽허브와 차량 내부 음식 결제 시스템을 발표했으며, 이때 리어의 커넥티드 카 솔루션을 사용하기로 결정.

• 2021년 연간 가이던스로 매출액은 203~211억 달러 수준, 영업이익은 11~13억 달러 정도로 제시된 바 있음.

최근 주가 동향

연초 이후 반도체 공급 부족 이슈에도 불구하고 실적 개선의 시그널이 확인되며 주가 재평가 진행 중.

14 Adient (ADNT)

기업 개요

세계 최대 자동차용 시트 업체로, 전 세계 시장 점유율이 30%에 달함. 2016년 존슨콘트롤즈의 자회사가 스핀오프를 통해 애디언트라는 이름으로 재탄생. 시트 시스템은 통상적으로 제조 절차가 길고 까다로워 밸류체인 형성이 중요한데, 동사의 경우 지속적으로 인수 합병을 통해 사업을 강화해 옴. 2018년에는 보잉과의 합작 회사 설립으로 항공기용 시트 시장으로도 진출.

가치 분석

존슨콘트롤즈는 2016년 타이코 인터내셔널(Tyco International)의 인수를 지지하기 위해 사실상 애디언트를 매각. 매각 과정에서 존슨콘트롤즈의 부채 35억 달러가 고스란히 애디언트로 넘어오며 재무적 부담이 급격하게 증가. 또한, 2016년 스핀오프 이후 많은 경영판단 착오 등이 누적되며 2018년까지 2년간 누적 적자 30억 달러 발생.

이후 신규 CEO로 델 그로소(Del Grosso)가 부임하며 전반적인 구조 조정이 가파르게 진행.

최근 이슈

- 2021년 연간 매출액 가이던스는 약 150억 달러로 제시
- 전기차 시장 수주에 집중. GM, 포드, 폭스바겐뿐 아니라 니오, 샤오펑(Xpeng) 등으로부터 메이저 수주 확보.

최근 주가 동향

코노라19 이후 글로벌 자동차 수요 급증과 함께 지속적으로 시장 기대치 상회, 주가 재평가 진행 중.

15 Borgwarner (BWA)

기업개요

글로벌 티어 1 업체 중 하나로, 파워트레인 분야에 특화. 엔진, 열관리 시스템부터 전동화 등 다양한 파워트레인 부품을 공급하는 최대 기술 업체 중 하나. 전동화 기술을 특히 강화하고 있으며, 높은 기술력을 바탕으로 글로벌 주요 OEM에 공급망을 갖추고 있음. 전동화 파워트레인, 즉 구동 모터, 인버터 등 전기차의 핵심 포트폴리오를 확대하기 위해 2015년부터 전동화 전용 부품회사의 인수 합병 및 투자를 공격적으로 진행해 옴.

가치 분석

2025년 기준 자동차 1대당 예상 판매 금액을 내연기관 907달러, 하이브리드 1,875달러, 전기차 2,640달러 수준으로 예측. 반면 기존 내연기관 사업은 점차 하락세는 불가피. 따라서 이러한 불균형을 극복하고 전동화 사업을 조기 규모의 경제를 달성하기 위해 여러 전동화 업체들을 인수. 대표적으로 2015년, 구동 모터 업체인 레미(Remy)를 시작으로 세브콘(Sevcon), RMS, 로미오(Romeo), 델파이 테크놀로지스(Delphi Technologies), 아카솔(Akasol) 등 파워 일렉트로닉스, 배터리팩 사업으로도 빠르게 확장 중.

최근 이슈

• 2030년까지 전기차 전용 부품 공급 비중을 45%까지 늘리겠다고 발표. 현재 전기차 부품 비중은 3% 수준에 불과.

• 상용차용 배터리팩 사업 확대를 위해 독일의 아카솔을 현 기업가치대비 23% 프리미엄인 7억 5천만 유로로 인수하기로 결정.

최근 주가 동향

코로나19 이후 타 티어 1 부품 업체 대비 주가 상승 흐름은 상대적으로 지연.

16 Romeo Power (RMO)

기업 개요

미국의 배터리 시스템 전문 스타트업으로 상업용 전기차로 공급되는 배터리를 공급. 배터리팩을 포함해 BMS 등 배터리 공급에 필요한 시스템 기반에서 매출이 발생. 배터리 공급 차량은 'Class 3'급 딜리버리 트럭부터 'Class 8'급 초대형 트럭까지 다양한 사이즈의 배터리 공급 예정. 자체 BMS(Battery Management System) 설계 기술을 보유하고 있으며, 이를 통해 펌웨어 업데이트까지 가능한 시스템 공급이 목표. 테슬라와 스페이스X 출신의 엔지니어들로 구성.

가치 분석

미국 내 대형 전지 전용 배터리 시스템 업체 중 가장 적극적인 투자를 하는 업체. 향후 3~4년간 미국의 전기차 보조금 지급은 미국산 배터리 사용 차량에 있어 추가 지급이 예상되어 당분간 대형 트럭 업체들의 수주가 확대될 가능성 존재. 2021년 1분기부터 배터리팩 딜리버리 시작. 다만 배터리 셀 공급 차질 발생하며 기존에 공개했던 2021년 연간 배터리팩 공급 예상치는 하향 조정. 배터리 셀을 외부 업체를 통해 공급받는 방식.

최근 이슈

- 누비(Nuvve)와 V2G(Vehicle to Grid) 계약 체결. 이를 통해 자동차 회사들뿐 아니라 충전 사업자들과의 협업도 가능해짐.
- 캐나다의 트럭 제조사인 라이온 일렉트릭(Lion Electric), 리사이클링 업체인 헤리티지(Heritage)와 함께 로미오 파워(Romeo Power)의 렌트용 차량의 전동화 프로그램 설립. 향후 라이온 일렉트릭의 차량 100대에 4년간 배터리팩 공급 계약 체결.

최근 주가 동향

배터리팩 딜리버리 실적 지연 등으로 주가는 횡보.

17 Cummins (CMI)

기업 개요

미국 최대 상용차용 파워트레인 전문 업체. 현재 대부분의 매출은 상용차용 내연 기관 등을 통해 공급되고 있으나, 향후 친환경 파워트레인 대응을 위해 다양한 업체 인수 및 파트너십 체결. 대표적으로 현대차와 수소연료전지 공급 MOU를 체결했으며, 캐나다의 수소연료전지 업체인 하이드로제닉스(Hydrogenics)를 인수.

가치 분석

연간 240억 달러 수준의 사업 규모로, 미국 내 1위 규모. 사업은 엔진, 부품, 파워 시스템, 뉴 파워 등의 사업부로 나뉘어 있으며, 뉴 파워 사업부를 중심으로 신규 사업이 가파르게 확대 중. 판매량의 약 70%가량이 북미에서 발생하는 구조로, 미국 경기 호조세와 동반하는 실적구조.

최근 이슈

• 2020년, 유럽에 PEM에 기반한 수소 연료 전지 시스템 공장 설립 결정.
• 2023년까지 스페인의 에너지기업 이베르드롤라(Iberdrola)와 함께 스페인에 수소 연료 전지 산업을 구축하기로 결정. 2023년까지 5,000만 유로 규모의 PEM 방식의 전기 분해 설비를 공급할 계획.

최근 주가 동향

운송비 증가로 인한 실적 부진에도 불구하고 미국 친환경 인프라 투자 확대를 통한 수혜 기대감 형성 중.

18 Blackberry QNX (BB)

기업 개요

블랙베리는 과거 2010년, 하만으로부터 QNX 운영체제를 인수하며 글로벌 자동차 업체들의 운영체제 사업으로 확장. 자동차 업체들의 운영체제는 갈수록 보안에 대한 중요도가 높아지며, 운영체제를 기존 시스템에서 교체하는 데 보수적. QNX는 수많은 글로벌 자동차 회사들로 운영체제를 공급하고 있으며, 커넥티드카 수요가 증가하며 자동차용 운영체제의 중요도는 갈수록 부각되고 있음. 일부 자동차 회사들은 소프트웨어 주도권을 확보하기 위해 자체 운영체제를 개발 중.

가치 분석

전 세계 약 1억 7,500만 대의 자동차에 QNX 운영체제가 탑재. 대형 전기 자동차 업체 25곳 중 23곳이 QNX를 사용. 과거 스마트폰 사업에서 과감한 소프트웨어 전문업체로 전환. 2014년 연간 매출 68억 달러. 2020년에는 9억 달러를 기록할 것으로 예상되지만, 매출 총이익률은 36%에서 73%로 비약적으로 개선.

최근 이슈

- 자동차의 자율주행 기술 개발은 선박, 로봇 등 다양한 분야로 확대되고 있으며, 스마트시티 인프라로도 빠르게 사업 확대
- 경쟁업체인 구글의 안드로이드 오토모티브가 볼보, 포드 등과 장기계약 체결

기업 개요

2013년 설립된 미국의 온라인 전문 중고차 판매 업체. 아리조나주에서 주로 활동하고 있으며, 자동차 벤딩머신으로 유명해짐. 미국의 중고차 시장 규모는 연간 약 7,000억 달러 규모이며, 전통 오프라인 업체인 카맥스, 펜스케 오토모티브, 오토네이션 등이 일부 시장을 과점하고 있으나, 산업 특성상 오프라인 업체들의 규모 확장은 제한적임. 반면 온라인 업체들은 특성상 거점 확대가 빠르게 가능해 사업 확장이 상대적으로 빠르게 나타나고 있음. 카바나는 미국 온라인 중고차 판매 업체 중 가장 대형 업체.

가치 분석

시가총액 480억 달러. 코로나19 이후 중고차 온라인 시장이 크게 성장세를 보이는 가운데, 온라인 판매 업체 중 최대 규모인 동사의 외형 성장세가 가파르게 확대. 2020년 기준 매출액은 55억 달러에 달하고 있으며, GPU(Gross Profit per Unit)은 3,656달러 수준으로 온라인 판매 업체 평균 중 가장 높은 편. 분기별 중고차 판매 대수는 빠르게 향상 중, 2021년 1분기에는 92,457 대(YoY +76%)까지 가파르게 상승. 2020년 미국 전체 중고차 시장이 3,930만 대 수준에 달한 점을 감안하면 추가 성장 여력은 풍부.

최근 이슈

'Next day Home delivery' 서비스 시작. 벤딩머신이 설치된 사업장에 방문할 필요없이 고객이 자동차 구매에 대한 의사결정을 내리는 순간 다음날 집으로 배송되는 서비스.

최근 주가 동향

코로나19 이후 지속적으로 주가 재평가 시현 중.

20　Vroom (VRM)

기업 개요

미국 온라인 전문 중고차 업체 중 카바나 다음으로 큰 업체. 2020년 SPAC을 통해 상장했으며, 'Expedia.com' 출신의 폴 헤네시(Paul J. Hennessy)가 CEO로 회사를 이끌고 있음. 설립 시점은 역시 2013년으로 카바나와 유사. 카바나처럼 P2P(peer to peer) 방식을 통한 판매가 아닌, 전체 거래 절차에 참여하는 사업 구조. 다만 2015년에 인수했던 텍사스 다이렉트 오토(Texas Direct Auto)가 코로나19 발생 이후부터는 판매 부진을 겪고 있어 적자폭 확대 요인으로 작용 중.

가치 분석

시가총액 61억 달러. 2020년 매출액 기준 PSR(Price to Sales Ratio)은 카바나 대비 할인되어 거래되고 있음. 향후 GPU(Gross Profit per Unit)의 성장이 중요 포인트. 현재 2021년 1분기 GPU는 2,054달러 수준. 최근 2021년 1분기 실적 콘퍼런스콜을 통해 재고 수준의 레벨이 올라가고 있고, 리컨디셔닝 센터 확보 등을 통해 판매 처리능력이 확대되었음을 언급.

최근 이슈

AI를 기반으로 한 소프트웨어 업체인 카스토리(CarStory) 인수. 이를 통해 가격, 재고관리 등을 한층 강화할 수 있게 되었으며 궁극적인 판매 확대로 이어질 것으로 회사는 전망.

최근 주가 동향

고조되고 있는 중고차 업황에 비해 부진한 2020년 4분기 실적으로 인해 2021년 연초 주가 변동성 확대. 차후 텍사스 다이렉트 오토의 실적 정상화, 카스토리 인수의 효과 등이 얼마나 나오는지가 관건.

지금, 모빌리티에 투자하라

초판 1쇄 인쇄 2021년 6월 14일
초판 1쇄 발행 2021년 6월 21일

지은이 유지웅
펴낸이 권기대

총괄이사 배혜진
편집팀 김준균, 송재우, 양아람, 차지호
디자인팀 김창민
마케팅 김지윤
경영지원 설용화

펴낸곳 베가북스 **출판등록** 2004년 9월 22일 제2015-000046호
주소 (07269) 서울특별시 영등포구 양산로3길 9, 2층
주문·문의 전화 (02)322-7241 팩스 (02)322-7242

ISBN 979-11-90242-87-5

＊ 책값은 뒤표지에 있습니다.
＊ 잘못된 책은 구입하신 서점에서 바꾸어 드립니다.
＊ 좋은 책을 만드는 것은 바로 독자 여러분입니다.
  베가북스는 독자 의견에 항상 귀를 기울입니다. 베가북스의 문은 항상 열려 있습니다.
  원고 투고 또는 문의사항은 vega7241@naver.com으로 보내주시기 바랍니다.
＊ 베가북스에 대한 더 많은 정보가 필요하신 분은 홈페이지를 방문해주시기 바랍니다.

vegabooks@naver.com www.vegabooks.co.kr
 http://blog.naver.com/vegabooks   vegabooks VegaBooksCo